La mediación, el médico y el duelo.

Ingrid Michel Niehus

La mediación, el médico y el duelo.
Autor: Ingrid Michel Niehus
Derechos Reservados.
Copyright © 03-2016-041509594900-01
ISBN-13:978-1537257075
ISBN-10:1537257072

Segunda Edición.
2019.

Contacto con la autora:
www.espaciodemediacion.com
Twitter: @ingridmediadora
Facebook: @espaciodemediacion
Correo electrónico: imicheln@gmail.com

A mi mamá.
A los mediadores.
A los prestadores de servicios de salud.
A las personas que acuden a mediación.
A quienes creen en la solución pacífica de conflictos.

PRÓLOGO A LA SEGUNDA EDICIÓN.

Profunda sensibilidad. Eso es lo que nos ofrece Ingrid Michel Niehus en esta segunda edición.

Un recorrido de lo privado a lo público. De la experiencia personal al trabajo profesional.

La autora propone la mediación como camino para humaniza la medicina.

Y cita y hace un paralelo magistral entre las etapas del dolor de Kubler Ross y las posibilidades de intervención en cada una de ellas, de los mediadores.

Cuando describe la clasificación de los conflictos en salud, alumbra un vasto panorama y luego ilustra en cada etapa, cómo es posible mediar.

Más adelante inicia un recorrido por las características y bondades de la Mediación y de sus herramientas.

Y sigue por casos reales que ejemplifican magistralmente como llevar adelante una mediación.

Un encuentro de almas humanas, tal como la autora cita a Jung "Conozca todas las teorías. Domine todas las técnicas, pero al tocar un alma humana, sea apenas, otra alma humana."

Los pacientes atraviesan el dolor y muchas veces necesitan ayuda, asistencia, y en especial, afecto y comprensión. Y, a su vez, los médicos son seres humanos vulnerables, que vuelcan su saber y entender a disposición del paciente, que, muchas veces, es colmado por impaciencia e incertidumbre.

La mediación establece un puente de escucha y perdón entre familiares y médicos. Como dice la autora "...un paso para continuar sanando esa herida..."

Se trabaja profundamente sobre el "perdón", que la autora explica notablemente. Un proceso de sanación y purificación interior, tal como ella describe, que lleva al alivio.

Los mediadores están para que esto sea posible.

Para terminar, si se me permite y desde lo personal: mi aporte como paciente oncológica que he sido, es que las personas somos eso, personas y no un conjunto de "órganos". Somos personas íntegras, completas, vivas, que a veces somos atravesados por una enfermedad. Y que, los médicos, muchas veces, nos salvan la vida.

Celebremos la vida de esta magnífica obra.

Y como dice la autora "Nunca va a ser momento de olvidar, pero sí de seguir adelante".

Resiliencia pura.

Graciela Curuchelar.
Buenos Aires. Diciembre 2018.

PRÓLOGO A LA PRIMERA EDICIÓN.

La práctica de cualquier profesión relacionada con la salud, en cuanto que se trate de una labor desempeñada por un ser humano, nunca estará exenta de errores. La Medicina, como la define Juan Siso, director de la "Oficina del Defensor del Paciente" de la Comunidad de Madrid, "es un ejercicio de riesgo que opera con los bienes más preciados: la salud y la vida".

Y es aquí donde aparece la mediación en salud, que debe ser entendida como una forma de gestionar los conflictos, dónde las instituciones y profesionales de la salud lleguen a admitir que sus acciones pueden ocasionar daños y, en algunos casos, reconozcan los errores, bastando muchas veces una mera explicación en un lenguaje cercano, una mirada, un gesto, una actitud amable y reconciliadora, un compadecerse, un quererse explicar e incluso una reparación del daño; y dónde a su vez los pacientes comprendan, que la atención en salud es una actividad humana no exenta de riesgos y que forman parte de ella tanto los éxitos y logros convirtiéndose en verdaderos agentes de la mejora de la salud del enfermo, como los fracasos y frustraciones que incluso como la autora nos indica, puede llevar a la muerte.

¿Pero esto es posible?, ¿Puede existir el milagro de la comunicación, cuando el duelo está latente?

Ingrid Michel Niehus, apuesta por ello y que por tanto, que la mediación en salud resulta ser una buena práctica en la gestión de conflictos.

Los pacientes incluso sus familiares, pueden efectuar reclamaciones ó sugerencias sobre el sistema sanitario, a través de sus asociaciones o individualmente.

Es esta también una forma de participación real del paciente así como de las personas que se encuentran en las "cenizas del conflicto sanitario", en las cuestiones de salud, pues estas reclamaciones y sugerencias no solo son canalizadas para su solución individual, sino que son analizadas globalmente con objeto de valorar la calidad percibida por los ciudadanos sobre los servicios sanitarios en general.

El lector, de este magnífico ensayo escrito por Ingrid, se adentrará no tanto en la "mediación preventiva" como anuncio, en párrafos anteriores, sino en la mediación "restauradora".

Tras una vivencia en primera persona, condimentada con sus sentimientos y su experiencia que no dejará indiferente al lector, porque así es como se forjan los corazones mediadores, se apuesta por la aparición de este modelo de gestión de conflictos, en la fase final, el duelo.

Cómo y cuando se elabora el duelo, doctores tienen la ciencia para argumentarlo, pero la autora con un relato claro, conciso y lleno de detalles, nos anima a acercarnos a esa maravillosa palabra que es EL PERDÓN, tras el encuentro entre el médico y la familia del paciente fallecido, que si se comprenden, aunque muchas veces no compartan, pueden ser un modelo de vivencia y de experiencia que todo ser humano tarde o temprano tiene que vivir. Perdón con el médico, perdón con la sociedad, perdón con uno mismo... perdón con el más allá.

Y como no queriendo terminar sin que su ensayo se adentre en los corazones de los lectores, la autora narra, ejemplificando distintas situaciones e incluso entrevistas desveladoras que este método es útil para ambas partes en conflicto.

Javier Alés Sioli
Sevilla. Abril de 2016.

INTRODUCCIÓN

En el año 2004 empecé a conocer los casos de inconformidades por atenciones médicas y a atender el procedimiento establecido en una dependencia pública para resolverlas, la Comisión Estatal de Conciliación y Arbitraje Médico del estado de Guanajuato. Encontré en la mediación una forma más sensible y humana de resolver los conflictos, me apasiona día a día pues siempre hay cosas nuevas por aprender y gente a quien poder ayudar.

Muchas, variadas e intensas capacitaciones y experiencias a lo largo de los años, me llevaron a que con la creación del Centro Estatal de Justicia Alternativa del Estado de Guanajuato, pudiera acceder más tarde a mi certificación como Mediadora- Conciliadora Privada.

Si bien ese título que da la certificación me llena de orgullo por lo que significa, sé que el mediador no es mediador por el certificado que le expiden, se es mediador por vocación y por experiencia, se es mediador si lo que haces es mediar, si buscas la solución de conflictos por medios de paz. Cada caso que atiendes te va haciendo, es independiente de que tengas o no la certificación y también de si se llega a un convenio entre las partes o solamente y como lo veremos en el transcurso de este libro, sirve como un crecimiento interior para las partes, o quizá solo para que hagan catarsis y se desahoguen.

Este trabajo surge por mi experiencia personal, ya que mientras estaba en el proceso de capacitación intensa en mediación para la obtención de la certificación, mi madre murió de cáncer.

Un cáncer que le llevó 9 años desde que se lo detectaron, hasta que murió, un cáncer que emigró de un lugar a otro y le hizo dolorosa su vida los últimos 15 meses y la tumbó en su etapa terminal en agonía sus últimos 20 días de vida.

Enfermedad que tuvieron en sus manos varios médicos, entre los que como familia, pudimos ver que había quienes nos explicaban todo el procedimiento muy bien, incluidas dos intervenciones quirúrgicas, una complicación con otra especialidad médica que la tuvo internada a la mitad de esos nueve años durante algunos días y en los últimos 20 días que fueron los más críticos, varias veces regresó a estar internada y había que tratar con médicos, enfermeras y administradores de hospital.

Había también uno que otro médico que se limitaba a contestar de mal modo nuestras preguntas y preocupaciones, a recetar un tratamiento de quimioterapia que lejos de ayudar la llevó al fondo del sufrimiento en sus últimos días.

Para ese entonces ya tenía muchos años trabajando con las inconformidades en la atención médica, pero, en este caso, estaba yo del otro lado.

Yo era la familiar, la hija mayor de la paciente con complicaciones y la hija mayor de la señora que estaba en sus últimos días de vida y que del médico principal tratante no escuchaba decir la verdad, solo escuchaba que se haría lo posible por seguirle dando el tratamiento (quimioterapias) y esa frustración y dolor, tenía que manejarlo.

Estudié un Diplomado en Tanatología que me ha ayudado a llevar mi duelo y a conocer muchos aspectos acerca de este tema.

He leído muchos libros, analizado películas y sobre todo continuando con mi habitual trabajo, en el cual, si bien ya lo hacía el escuchar a las personas con inconformidades por la atención médica, comencé a poner especial atención e interés a los casos en que las personas que acudían a solicitar los servicios de mediación eran los familiares de alguien que después o durante una intervención médica o quirúrgica, habían fallecido.

Comencé a hacer apuntes especiales sobre estos casos y a revisar los que durante años anteriores había tenido conocimiento.

Escribí un ensayo sobre este tema, como parte del Diplomado en Medios Alternos de Solución de Controversias, unos meses más tarde se publicó mi ensayo en el libro: Mecanismos Alternativos de Solución de Controversias. Visiones y Experiencias. Publicado por el Poder Judicial del Estado de Guanajuato, a través de la Escuela de Estudios e Investigación Judicial.

Trabajando como mediadora, en uno de los casos que me tocó atender conocí a una familia que estaba viviendo la muerte de uno de sus miembros. Debido a las edades de los integrantes, estaban en diferentes etapas del duelo y con diferentes reacciones.

El interés por la situación que enfrentan los familiares de personas fallecidas y que tienen alguna inconformidad o se sienten en conflicto, me llevó a continuar escribiendo y hacer esta recopilación de experiencias y temas con la intención de que sirvan de inspiración para las personas que han perdido un ser querido y quieren acercarse a dialogar con el médico que lo atendió.

Pero también para que los médicos se puedan animar a acercarse más a estos familiares en duelo y para los mediadores aportar un grano de arena en este tema específico de la mediación en duelo que sirva para su labor.

Para esta segunda edición, he agregado algunas cuestiones que en este tiempo han surgido como experiencias, y claro, mejorado en general el contenido gracias a los comentarios y aportes de compañeros médicos y mediadores.

CAPÍTULO 1. EL CONFLICTO

El conflicto es un obstáculo a la satisfacción de tus necesidades, es decir, es un problema. Un problema existe a causa de una incompatibilidad, sea real o aparente de las necesidades o los intereses de las partes. (1)

"No evitéis a vuestros hijos las dificultades de la vida, enseñadles más bien a superarlas"
Louis Pasteur.

Así como opiniones hay sobre cualquier palabra que existe, así mismo pueden surgir los conflictos. Porque cada persona verá de diferente manera las cosas y al tener ya siquiera dos puntos de vista de una misma cuestión, existe un conflicto latente. Es algo innato en el ser humano.

El conflicto va a nacer de forma interna en ti, en mí, en cualquier persona, podríamos llamarlo, que surge una –inconformidad- la cuál de no ser satisfecha, de crecer, se va a convertir en un conflicto.

1.1 Conflicto médico.

Doy este ejemplo cuando hablo del conflicto por una atención médica: tú no estás a gusto con tu médico, ya sea porque no te ha funcionado el tratamiento, o porque algo te ha resultado mal del mismo o de una operación, tu, que eres el paciente estas inconforme, estas insatisfecho; esta circunstancia la platicarás con la vecina, con tu hermano, con el compadre...

etc. y como la solidaridad entre las personas es muy grande, la otra persona que escucha, (a no ser que sepa que la mediación es una excelente opción para solucionar conflictos...) va a hacer que esa inconformidad en ti, crezca, te dirá frases como –no te dejes-, - denúncialo-, -exígele los resultados- y varias de este tipo que lo único que hará es que el conflicto se vuelva cada vez más grande.

Quizá tú ya no sientas deseos de volver a ir a consulta con ese médico, ni de pedirle una explicación; entonces irás en el mejor de los casos con otro médico a continuar tu atención, pero el conflicto con el primero quedará latente.

Sé que el tema de salud, es un aspecto de suma importancia para ti, puesto que de ello depende tu vida, yo pienso lo mismo. Cuando por alguna razón vemos vulnerada nuestra condición de –sanos- y tenemos que acudir al médico, ponemos todo, incluida nuestra vida en sus manos. A veces es tal la magnitud del poner "todo" en manos del médico, que también quisiéramos que nos resolviera nuestro problema de salud sin ningún contratiempo. Y olvidamos que también el médico es un ser humano. Y por lo tanto, entre el paciente que acude y el médico que atiende, puede surgir un conflicto.

Hay una definición de conflicto muy interesante cuyo autor es Morton Deutsch: "el conflicto interno es una experiencia personal inevitable".

Y después nos menciona que un conflicto ocurre en cada ocasión que hay una actividad incompatible, definiendo como incompatibles las acciones que obstruyen, dañan, interfieren o harán menos agradable dicha acción, o incluso, menos efectiva. (2) Pienso que queda muy bien hablando de las cuestiones de salud, ya que cuando tú la ves menguada, quizá hasta el grado de saber que te queda poco tiempo de vida, o a tu familiar, todas las acciones que realices en pro de recuperarla, incluyendo por supuesto la relación con tu o tus médicos, serán, por lo general no agradables ya que tu enfermedad obstruye, interfiere y daña tus planes de vida, tus proyectos.

Así es como nace el conflicto del paciente con el médico.

Surgen conflictos entre pacientes y médicos en gran parte por cuestiones de comunicación. Por ejemplo los médicos que si se preocupan por explicar a sus pacientes el diagnóstico, tratamiento y pronóstico, pero lo hacen hablando en términos médicos, lo cual, la mayoría de sus pacientes, al no tener dicha profesión no entienden lo que esos términos quieren decir y cuál es la trascendencia.
Entonces, salen diciendo que el médico no les explicó nada.

Cuando se trata de un paciente hospitalizado, ni que decir si el paciente es niño con diagnóstico y pronóstico no buenos para la vida, será aún más notable de forma general, que los familiares insistan en que no se les ha informado nada, que no se les ha explicado.

Puede ser que el médico ha –invertido- al menos una hora de su tiempo en hacerlo, pero parece que la naturaleza humana se protege y manda un mensaje de bloqueo para las malas noticias. Lo malo, es que eso hará que nazca un conflicto con el médico.

Es importante que los médicos se formen en resolución de conflictos. Que conozcan cómo se forma, como crece, como se enfrenta y como se puede solucionar un conflicto. Sé que tienen bastante por seguir aprendiendo dentro de su profesión, pero la resolución de conflictos debe ser parte de su profesión.

El manejo adecuado de un conflicto les puede evitar muchas situaciones indeseadas. Conocer acerca de los mecanismos alternativos para solucionar los conflictos desde las áreas de la salud, va a repercutir en una mejor atención y una mayor satisfacción de los pacientes y sus familiares.

1.2 Clasificación de los conflictos de salud.

Estoy proponiendo en este libro, una clasificación de los conflictos de salud. Con esto podemos tener un panorama de lo que nos vamos a encontrar respecto de este tema. Todos los tipos de conflictos enumerados a continuación, son mediables.

Los invito, a pensar en cada uno de los numerales, en algún conflicto que hayan vivido y que pueda caber dentro de esta clasificación.

A) Por sus participantes:
1. Médico-Paciente
2. Paciente-Hospital
3. Hospital-Trabajadores de salud
4. Paciente- Familiares- médico
5. Médico- Médico

6. Familiares-Médico
7. Familiares-hospital

B) Por su resultado:
1. De tratamiento/procedimiento insatisfactorio
2. De tratamiento inconcluso por causa del paciente
3. Expectativas diferentes a las prometidas/esperadas
4. Diagnóstico erróneo/incompleto
5. Tratamiento inconcluso o falta de indicaciones por parte del médico
6. Muerte del paciente
7. Mal praxis

C) Por intervención de un tercero:
1. Por causa de la segunda/tercera opinión
2. Por consejo de otra persona familiar/vecino/abogado
3. Por consejo de otro médico
4. Servicios subrogados
5. Incumplimiento de un proveedor de insumos o servicios
6. Mala calidad de medicamentos/químicos

D) Por su relación recíproca/interacción:
1. De comunicación
2. De información
3. Falta de confianza
4. Cobro de los servicios proporcionados

E) Por su ámbito:
1. Públicos
2. Privados

F) Por cuestiones administrativas:
1. Desabasto de medicamento/material de curación
2. Demora o tiempo extremadamente largo para la siguiente cita
3. Falta de personal especializado
4. Negativa de servicio
5. Falta de capacidad para brindar el servicio

6. Carencia del equipo necesario
diagnóstico/quirúrgico/tratamiento

Si tu experiencia te dice que falta alguna clasificación en este cuadro, te agradecería muchísimo me lo hagas saber para poder agregarla, puedes comunicarte por cualquiera de los medios que vienen al inicio y al final del presente libro.

1.3 Opciones para solucionar un conflicto.

Para resolver un conflicto hay varias maneras, puedes caer en la evitación, es decir evitar hacer algo, esperar a que las cosas se solucionen por sí mismas, que cambien las circunstancias, que la otra parte desista o se canse, que se vaya a vivir lejos y jamás sepas de ella. En el mejor de los casos sería una suerte que esto sucediera cuando tenemos conflictos. (Ver gráfico 1)

Otra manera es el uso de la fuerza, incluso de la violencia. En definitiva nada deseable manera de dar fin a cualquier conflicto. Puedes recurrir a los tribunales para que una autoridad decida sobre cómo se debe resolver.

La intervención de un tercero pero no en la vía judicial, sino dentro de los métodos alternativos es el arbitraje. También hay una manera negociando, conciliando y otra a través de la mediación. De esto último hablaremos aquí.

La familia que estaba pasando por la muerte de uno de sus miembros, tenía no solo un conflicto sino varios. Cada uno de los integrantes tenía su propio conflicto, desde sus zapatos.

Comencé a hablar con el hijo mayor que fue quien se acercó a solicitar los servicios de mediación. 26 años, profesionista y acababa de entregar el anillo de compromiso a su novia solo 15 días antes de comenzar este duelo. Era claro que sus conflictos de interés e internos estaban contrapuestos y se sentía en un gran problema.

1.4 Las expectativas.

Tú como paciente te encuentras en un estado vulnerable y esperando que el médico te resuelva el problema de salud para que los demás problemas puedan ser resueltos.

Cuando no puede ser así por la misma naturaleza de la enfermedad, entonces tú y tus familiares sentirán que el médico no está actuando de forma correcta. Si aunado a esto, el prestador del servicio de salud no tuvo el tiempo, la cortesía o la habilidad para detenerse a explicarte el pronóstico del paciente (o tuyo) o lo hizo empleando formas altivas y no empáticas, definitivamente el conflicto habrá escalado y tendrá que buscar una salida.

Si tu o tus familiares tienen la fortuna de estar bien asesorados, podrán recurrir a los medios alternativos de solución de controversias.

Viktor Frankl (3) nos dice: "... no todos los conflictos son necesariamente neuróticos; es más, a veces, es normal y saludable cierta dosis de conflictividad. De la misma forma, el sufrimiento no es siempre un fenómeno patológico"...

1.5 El conflicto incluye emociones.

Las emociones que tienes durante un conflicto, pueden implicar un costo muy alto. De ahí deriva la necesidad de que alguien te ayude a manejarlas de forma correcta. El mediador juega un papel muy importante, al ayudar a las partes a poner sobre la mesa esas emociones y entender el costo que puede ocasionarles, de continuar en el mismo lugar.

Si bien este documento está enfocado a los conflictos entre médico y paciente, sobre todo cuando el paciente o familiar se encuentra en duelo, hay algunos conflictos en personas en duelo que no son por la atención médica de su familiar.

También cuando necesitan de la mediación para llegar a acuerdos acerca de una herencia, cuidados de un familiar discapacitado o de la tercera edad (que incluso, también se vive un duelo), disposiciones y acuerdos en un divorcio que sean materia de mediación, cuestiones médicas también como cuando se da la noticia de un cáncer o una enfermedad terminal.

Casos en los que también las personas se encuentran en duelo y el mediador debe conocer esos sencillos pero finos y acertados manejos para poder llevar a mejor término las sesiones y al final la resolución de ese conflicto a través de la mediación.

(Ver gráfico 2) El tipo de conflicto al que te enfrentas en una inconformidad por cuestiones de salud son dos principalmente: conflicto de valores y conflicto de las relaciones, el primero porque hay diferencias en la forma de vida, ideología y por lo tanto diferentes criterios para evaluar los comportamientos o ideas cada uno de la parte contraria; y el segundo porque tanto tu como el médico tendrán la presencia intensa de emociones, hay una comunicación pobre y hasta comportamientos negativos.

Antes no te lo había comentado y para continuar platicando sobre esta familia es importante que los conozcas, es la familia Videla Cotilla. Está formada por el papá, la mamá y 5 hijos. El mayor de 26 años, después otro joven de 24, siguen unas mellizas de 20 y la menor de 14.

Muchas veces en estos temas de salud, la inconformidad surge cuando los familiares escuchan un comentario que, inapropiada e indiscretamente, el personal que está atendiendo al enfermo comenta en los pasillos y que además no es interpretado de la forma correcta por quien lo escucha.

Puede ser que los familiares se enteren del diagnóstico o de alguna mala noticia de forma indirecta por escucharlo del personal que no debería estar comentando estas cuestiones, o puede ser que ni siquiera sea verdad esa información, pero puede causar mucho daño.

Bien conocido es el relato de que un médico al salir de la habitación del enfermo se topa con la enfermera y le comenta "el paciente ya no tiene solución"; la enfermera entiende perfecto de que se trata e irá a buscar otro frasco de suero para reemplazar la –solución– , pero el enfermo o el familiar que escucho eso, se tira a llorar pensando que lo que el doctor quiso decir es que los días están contados.

Para salir de un conflicto la gran mayoría de las personas buscan que su inconformidad sea "satisfecha" a costa de lo que sea. Me hiciste –un mal– ahora quiero que me –repares el daño– con una cantidad de dinero, es una forma muy común en que las personas buscamos la solución a un conflicto.

1.6 El conflicto puede ser positivo.

¿Qué pasaría si reconociéramos ese conflicto como una oportunidad? ¿Habría otra manera de –satisfacer– lo que ese conflicto me ha dañado?
¿Y si hablando logro sentir que está solucionado? ¿Y si en verdad está solucionado con solo haber entablado un diálogo con mi contrincante?

Paz. Debemos buscar la manera de solucionar los conflictos con paz. No van a dejar de existir inconformidades y conflictos entre los seres humanos, pero debemos procurar que se conozcan cada vez más los procesos de paz en su solución.

Como bien lo ha dicho la Dra. Yolanda Vargas, quien además de ser una médico reconocida, es mi compañera mediadora en la mayoría de los casos "no es que el paciente no entienda lo que el médico le explica, es que el paciente (o familiar) se encuentra emocionalmente en desventaja y esto impide en muchas ocasiones que lo comunicado sea asimilado".

REFERENCIAS:

1. Bush y Folger. La promesa de mediación. Página 96.

2. Josep Redorta "Como analizar los conflictos".

3. Viktor Frankl. "El hombre en busca de sentido" Editorial Herder. Página 125.

Gráfico 1

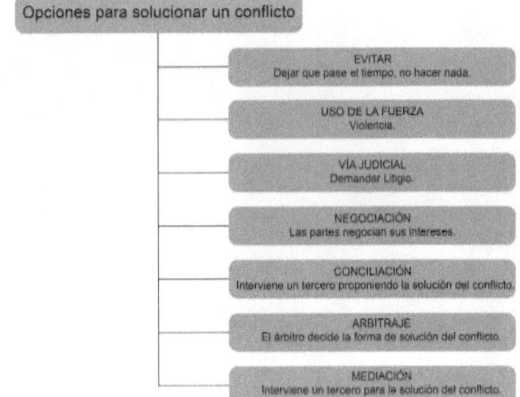

Opciones para solucionar un conflicto

EVITAR
Dejar que pase el tiempo, no hacer nada.

USO DE LA FUERZA
Violencia.

VÍA JUDICIAL
Demandar Litgio.

NEGOCIACIÓN
Las partes negocian sus intereses.

CONCILIACIÓN
Interviene un tercero proponiendo la solución del conflicto.

ARBITRAJE
El árbitro decide la forma de solución del conflicto.

MEDIACIÓN
Interviene un tercero para la solución del conflicto.

Gráfico 2

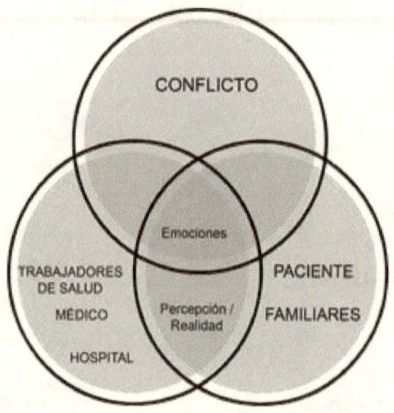

CAPÍTULO 2. LA MEDIACIÓN

Ya sabes algunas cuestiones acerca de –el conflicto–
pero ¿Qué es la mediación? La mediación es una
forma auto compositiva de resolver los conflictos.
Se dice que es auto compositiva porque son las
mismas partes quienes arreglan sus diferencias o
conflictos, asistidas por una tercera persona neutral.

En la Ley de Justicia Alternativa del Estado de
Guanajuato se menciona como su objeto en el
artículo 1 que es: "...regular la mediación y la
conciliación como formas de autocomposición
asistida de las controversias entre interesados,
cuando recaigan sobre derechos de los cuales sus
titulares puedan disponer libremente." Si aún no
estás familiarizado con esta ley, te invito a que la
leas y la conozcas, al igual que las diversas Leyes de
Justicia Alternativa, Reglamentos o disposiciones de
mediación que se emplean en distintas partes del
mundo.

"Conozca todas las teorías.
Domine todas las técnicas,
pero al tocar un alma humana
sea apenas, otra alma humana"
Carl Gustav Jung.

2.1 El trámite.

Si solicitas una mediación, va a consistir en un
trámite que estas iniciando voluntariamente y que al
invitar a la otra parte acepta también de forma
voluntaria.

El organismo o despacho del mediador al que acudas te tomará unos datos generales como nombre, dirección, teléfono, correo electrónico y una persona capacitada para esto, escuchará tus razones por las cuales estas ahí, le expondrás tu conflicto y le darás también los datos para localizar a la persona con quien tienes ese conflicto.

Ahí mismo se te explicará que el trámite que se te ofrece se llama mediación y en qué consiste, tu podrás hacer todas las preguntas y exponer todas las dudas que tengas y podrás decidir si según tus intereses te conviene o no hacer una mediación de el problema que planteas.

Se invitará a esa persona a que conozca los beneficios de la mediación y a que acepte (de forma voluntaria) sostener una reunión contigo, a esta reunión le llamaremos audiencia o sesión de mediación inicial. De aceptar la invitación, se ponen de acuerdo en fecha y hora para llevarla a cabo.

Puede ser una sesión en conjunto o puede haber una reunión previa. En esa sesión asisten ambas partes, la reunión se lleva a cabo en una sala dispuesta especialmente para ello y serán asistidos y atendidos por una persona a la que se le llama –mediador- y que tiene una formación específica para la resolución de conflictos, es decir, ha estudiado para conocer los conflictos y su forma de resolución, así como técnicas y métodos, por lo tanto podrá ayudarte a ti y a la otra parte a solucionar su problema.

2.2 Principios de la mediación.

La mediación, es un procedimiento voluntario, confidencial y flexible. Es importante señalar que la mediación se rige por ciertos principios: celeridad, confidencialidad, equidad, flexibilidad, honestidad, imparcialidad, legalidad, neutralidad, profesionalismo y voluntariedad; principios que no solo pertenecen al procedimiento, sino que quienes somos mediadores debemos hacer nuestros. (Ver gráfico 3)

De acuerdo con la Real Academia de la Lengua Española, la definición de los principios de la mediación es:

Celeridad: 1. f. Prontitud, rapidez, velocidad.

Confidencialidad: 1. f. Cualidad de confidencial. A su vez: 1. adj. Que se hace o se dice en la confianza de que se mantendrá la reserva de lo hecho o lo dicho.

Equidad: 1. f. Igualdad de ánimo....5. f. Disposición del ánimo que mueve a dar a cada uno lo que merece.

Flexibilidad: 1. f. Cualidad de flexible. A su vez: 2. adj. Que se adapta con facilidad a la opinión, a la voluntad o a la actitud de otro u otros. 3. adj. Que no se sujeta a normas estrictas, a dogmas o a trabas. 4. adj. Susceptible de cambios o variaciones según las circunstancias o necesidades.

Honestidad: 1. f. Cualidad de honesto. A su vez: 1. adj. Decente o decoroso. 2. adj. Recatado, pudoroso. 3. adj. Razonable, justo. 4. adj. Probo, recto, honrado.

Imparcialidad: 1. f. Falta de designio anticipado o de prevención en favor o en contra de alguien o algo, que permite juzgar o proceder con rectitud.
Legalidad: 1. m. Der. Principio jurídico en virtud del cual los ciudadanos y todos los poderes públicos están sometidos a las leyes y al derecho.

Neutralidad: 1. f. Cualidad o actitud de neutral. A su vez: 1. adj. Que no participa de ninguna de las opciones en conflicto.

Profesionalismo: 1. m. Cultivo o utilización de ciertas disciplinas, artes o deportes, como medio de lucro.

Voluntariedad: 1. f. Cualidad de voluntario.

Hablando de los principios fundamentales de la mediación, es importante que tú como parte invitante y a quien invitas a mediar, sientan que el espacio donde se desarrolla la audiencia es el espacio de –su- solución, sentir la confiabilidad del proceso en el que se encuentran ambos voluntariamente. Quizá entre tu duelo y agenda, se tendrá que ser flexible en cuanto a los días y horarios para las audiencias.

2.3 El Mediador.

El mediador es una persona, prácticamente de cualquier profesión, que está capacitada en diversas materias y técnicas de resolución de conflictos. Ha pasado por estudios especializados, prácticas, exámenes y pruebas en las que ha demostrado sus conocimientos y manejo de lo necesario para poder auxiliar a las personas en conflicto.

Es responsabilidad del mediador que las partes sientan que este proceso en verdad es neutral, imparcial, con equidad, legalidad y que el mediador, tu y el médico actúen con honestidad en todo lo que se habla y vive en las audiencias.

Debes de saber, que la intervención del mediador, en ninguna forma será un asesoramiento profesional, ya que esto pondría en riesgo la imparcialidad necesaria para el desarrollo del rol del mediador.

Un mediador interviene en la sesión, para facilitar la comunicación directa, respetuosa y confidencial entre tú y la persona con quien tienes un conflicto (puede ser el médico en este caso). El mediador no sugiere soluciones ni acuerdos, pero utiliza técnicas, herramientas y métodos para encauzar a las partes en el diálogo y ayudarles a que ustedes mismos lleguen a un acuerdo y con él, poner fin a la controversia, o también para que se den la oportunidad de conocer el punto de vista de la otra parte aunque no se llegue a un acuerdo.

De llegar a acuerdos, el mediador ayudará a la redacción de los mismos en un documento legalmente válido: un convenio.

Ahora te preguntarás ¿Para qué se necesita la mediación? La mediación será útil, cuando las partes, por sí mismas no pueden darse el espacio para entenderse y de ser el caso llegar a un acuerdo y necesitan por lo tanto la intervención discreta, profesional y suave de un tercero que preparado en esas cuestiones, les ayude a encontrar las soluciones, o una solución al menos, al conflicto que tienen.

Es esencial que tú como parte en la mediación, me percibas en mi papel de mediadora como a un facilitador imparcial, dedicado a trabajar contigo y con la otra parte en forma equitativa.

2.4 El acuerdo o convenio.

Yo, como mediadora, asistiré a ambas partes para la elaboración de un convenio con el cual se le dará fin al conflicto de origen, en el que se reflejen los acuerdos que asumen, si es que estos llegan a darse ya que no en todas las mediaciones se llegará a acuerdos que se plasmen en convenio.

El mayor potencial de la mediación es la transformación que hace en las personas. Permitir que tú y la persona con quien tienes un conflicto se miren a los ojos, crezcan como personas y salgan mejores y con mayor motivación, porque el proceso de la mediación los ha ayudado a transformarse, es la mayor valía de la mediación. Conforme vayas leyendo este libro, irás entendiendo a que me refiero con eso.

2.5 Comunicación.

La comunicación directa entre las dos partes en conflicto es esencial. Esa comunicación se dará de manera respetuosa ya que siempre el mediador establecerá esta premisa del respeto entre las partes durante la mediación.

Debe darse esa comunicación interpersonal, es decir que se comuniquen cara a cara interactuando de forma directa, estando presentes, próximos y utilizando todos los sentidos para establecer esa comunicación.

Cuando se dan estas condiciones el intercambio de información se va a dar de forma verbal y no verbal, ya lo veremos un poco más adelante. Se está utilizando también la tecnología para hacer mediaciones a distancia, en las cuáles la proximidad física no se da entre las partes ni con el mediador, ya que se llevan a cabo por videoconferencia. Es un tema muy interesante de vanguardia.

2.6 Lo que se puede mediar.

Lo que se puede llevar a la mediación son todos los derechos particulares disponibles para la persona que invita y para quien acepta la invitación a mediar, derechos que no afecten el orden público, los derechos de terceros, de los menores e incapaces. (1)

Comentaba uno de los jóvenes de la familia Videla Cotilla, que a él le gustaría llegar a un acuerdo respecto a la convivencia que su hermana de 14 años tiene con ciertos familiares que no son de su agrado y que considera que no son buena influencia para su hermanita. Como no son derechos de los que el joven pueda disponer, se le ha explicado que en esta mediación no sería el quien podría tomar esas decisiones, sino quien ejerce la patria potestad de la aun menor de edad.

En México, para llevar a mediación un conflicto entre paciente y médico, debe hacerse por medio de una mediación privada con excepción de algunos pocos estados, como en el estado de Guanajuato que la Comisión Estatal de Conciliación y Arbitraje Médico si hace mediación en estos casos. Otras comisiones estatales y la misma CONAMED que es la comisión nacional, aún no establecen la mediación como la forma en que tratan las inconformidades por cuestiones de salud. En general estas comisiones llevan a cabo conciliación, gestiones inmediatas y arbitraje, pero a la mediación la han dejado muy de lado.

Existe apenas una iniciativa (2) para que se tome en cuenta la mediación en conflictos médicos en la comisión nacional; en Guanajuato ya se tiene tiempo trabajando así, mediando.
También los médicos se preguntan porque no pueden acudir a la mediación para arreglar un conflicto con un paciente problemático.

La respuesta es, las instituciones públicas mediadoras (llamadas comisiones) creadas para atender las inconformidades por servicios de salud, no contemplan que el médico se queje de sus pacientes.

Pero existe la mediación privada y existen también los centros de Justicia Alternativa dependientes del

Poder Judicial, donde como cualquier otro ciudadano puede ir a iniciar su procedimiento de mediación e invitar al paciente a solucionar el conflicto.

2.7 ¿Quién acude a la mediación?

Es importantísimo que a la mediación acudan los que tienen el interés directo. En este caso, el familiar más cercano (o el paciente cuando se trata de mediaciones por inconformidad médica pero que no murió el paciente) y el médico tratante.
El familiar que acude a la mediación, debe ser quien se encuentre legitimado para ello.

Si la persona que murió tenía cónyuge, será este quien este legitimado para representar sus intereses, si es un menor de edad, sus padres lo serán. Pero si es una madre o padre y ya no hay cónyuge o es un hermano soltero y sin descendencia de ser necesario deberán abrir el juicio sucesorio para que se designe albacea y entonces sea quien legalmente pueda representar a la persona que murió y al resto de la familia.

No es recomendable que ninguna de las partes envíe a un tercero, llámese apoderado, abogado o como sea. La importancia de que esto se trate entre los –directamente- parte en el conflicto estriba en que no se trata de una mera transacción, se trata de poner sobre la mesa del diálogo incluso sentimientos y cuestiones que deben ser tratadas, platicadas y desmenuzadas de frente, entre quienes tienen el conflicto.

Como lo había comentado, Raúl, el mayor de los Videla Cotilla fue quien se acercó a solicitar la mediación y planteó de entrada algunas de las cuestiones que le interesaba arreglar, sin embargo, por tratarse de cuestiones familiares y en las cuales todos los miembros tienen alguna cuestión en particular que poner sobre la mesa de la mediación, se ha invitado a toda la familia a que se presenten para ir platicando sobre su caso.

2.8 La guerra interna.

La mediación es en general, la búsqueda de la paz en un conflicto. Sin embargo considero que durante la mediación, los mediables, o sea paciente y médico, tendrán que sobrellevar una guerra interna. Porque quizá no es fácil para ti expresar todo lo que tienes dentro y es probable que en ese momento prefieras dejar –hasta ahí- las cosas y salir corriendo. Seguir con el coraje y sin solucionar el conflicto, pero lo harías con tal de no seguir ahí, sentado frente a esa persona con quien tienes un problema. Cada uno llega a la mediación con sus problemas, con sus esquemas y su pensamiento sobre hasta dónde se va a mover o no; el mediador debe descubrir esas guerras internas para moverte a ti y al médico o la otra parte hacia la paz que constituye el terminar un conflicto a través de la mediación.

2.9 Tipos de mediación.

Un estilo negociador en las mediaciones de este tipo quizá no ayuden mucho a avanzar en lo referente al duelo, puede negociarse un intercambio económico ya que el propósito de este tipo de mediaciones es el arreglo y puede ser una muy buena mediación (estilo negociación) pero de los sentimientos y emociones no habrá... ¡nada!

En cambio el estilo llamado –terapéutico- puede ayudar más, no se trata de una terapia como tal, sino de darle importancia a lo que las partes "traen adentro", entonces, aunque no salgan con un arreglo económico pueden salir con algo muy personal, casi podríamos hablar de una paz.

2.10 El co-mediador.

Hay una figura en la mediación, que tengo la certeza por experiencia propia que es de mucha utilidad, se trata de un segundo mediador en la sala. Desde las audiencias individuales hasta la conjunta, dos mediadores trabajando con las mismas partes y por el mismo objetivo, es un trabajo en equipo.
Se le llama "co-mediador" aunque en realidad ambos mediadores tienen el mismo peso y el mismo trabajo, es solo cuestión de organización de las sesiones.
La co-mediación se usa cuando los mediandos son muchos, o por la especialidad del caso a tratar. Los mediadores que trabajan juntos en una mediación y que se les llama co-mediadores, pueden o no tener la misma profesión o formación, de hecho considero que es mejor si es diferente, así se puede tratar de forma integral el tema en el que se está mediando, pero en definitiva no tiene que ser así, lo que sí es que ambos deben tener capacitación, entrenamiento y experiencia en mediación, de no tenerla, el segundo que acompañe al mediador no será un co-mediador si no que será un observador y ya el tiempo y la experiencia que vaya adquiriendo lo podrá posicionar como tal.

Es importante que los co-mediadores se conozcan y conozcan su forma de mediar, que ambos platiquen de forma amplia sobre el caso que tendrán en la sala para que concuerden en las formas en que se abordará y llevará la sesión, todo esto es importante porque son un equipo. Estoy hablando de dos co-mediadores porque en la práctica así lo he manejado, pero la teoría nos dice que se puede, dependiendo de las características de la mediación, que sean incluso más mediadores trabajando juntos en un solo caso, así que no es exclusivamente la co-mediación de dos.

Entre los co-mediadores el caso es compartido, por lo que el manejo de las técnicas en común nos puede augurar un mejor resultado en la mediación.

No deben olvidar que son colaboradores mutuos, se complementan, por lo cual debe haber una cordial y cómoda relación entre ellos, conocer cada uno el estilo del otro y –colaborar- con él.

No está de más mencionar que el respeto y la confianza como en toda relación interpersonal debe reinar; cuando uno interviene, el otro, al continuar debe respetar la línea que se inició y será más fácil hacerlo si se confía en el conocimiento del compañero.

En el caso que nos ocupa, siempre es un valor agregado que uno de los mediadores es médico de profesión. Así, los co-mediadores son complementarios en conocimiento y destreza.

Algunas personas confunden el hecho de que sea médico e incluso solicitan "consulta" al mediador, lo cual no es problema pues al explicarles la naturaleza del procedimiento y los objetivos que se van a perseguir al llevar la mediación, las partes lo entienden. (A veces no, pero la mayoría de los casos si.)

La palabra co-mediador en sí como palabra, me parece más complicada y no me gusta tanto, me gusta entonces adoptar lo que la Organización Mundial de la Propiedad Intelectual menciona en los primeros artículos de su reglamento de mediación y dice: "...El término "mediador" incluye a un solo mediador o todos los mediadores cuando se nombre a más de uno...". Sabemos que la figura de varios mediadores se llama co-mediador pero al nombrarlos decimos únicamente –mediador. Por lo que en adelante, al mencionar que el mediador hizo tal o cual cosa en la sesión, puede ser que estemos hablando de que hay al menos dos mediadores trabajando ese caso.

REFERENCIAS:
1. Establecido en diversas leyes de Justicia Alternativa.
2. En diciembre de 2017 el Poder Ejecutivo Federal presentó la iniciativa del Proyecto de Ley General de Mecanismos Alternativos de Solución de Controversias, misma que fue recibida en la Cámara de Diputados por la Comisión de Justicia. El 26 de abril de 2018, esta Comisión emitió el Dictamen en sentido positivo, se sigue esperando que se vote en el pleno y se envíe al Senado.

Gráfico 3.

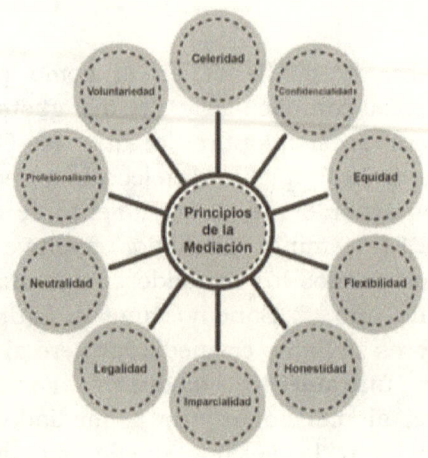

CAPÍTULO 3. EL DUELO

Cuando se muere alguien que es muy cercano para nosotros, esa pérdida es algo muy complicado, nos produce uno de los dolores más intensos que sentiremos en la vida. Es verdad que todos vamos a morir algún día, pero no lo tenemos presente y tampoco nos preparamos para que cuando llega la ausencia de un ser querido la asumamos.

*"Para nuestro inconsciente,
es inconcebible imaginar un verdadero final
de nuestra vida aquí en la tierra..."*
Elisabeth Kübler- Ross.

La Real Academia de la Lengua Española, nos dice que "Duelo" viene del latín tardío dolus 'dolor':
1. m. Dolor, lástima, aflicción o sentimiento.
2. m. Demostraciones que se hacen para manifestar el sentimiento que se tiene por la muerte de alguien.

3.1 ¿Qué es el duelo?

Es una reacción psicológica y tendrá varias formas de respuesta que van a pasar en el momento de vivir un duelo, ya que se alteran las emociones y el comportamiento.
Puede ser que estés sintiendo confusión, impotencia, rabia, vacío, miedo, una gran desesperación, angustia, tristeza, ganas de llorar sin parar, un nudo en la garganta, enojo y otras que dependiendo de tu situación particular estas experimentando. Los síntomas son emocionales pero también pueden ser físicos.

Solo la mente y el espíritu pueden adaptar la nueva situación que estás viviendo a partir de ese gran dolor que estas experimentando.

Pero no perdamos de vista que cada persona tendrá un duelo diferente.

Como la frase de Santo Tomás que dice "lo recibido toma la forma del recipiente", así mismo la pérdida que estamos sufriendo, toma la forma de la persona que la sufre.

El duelo se debe de vivir, hasta que un día no sientas más ese sentimiento de soledad, de vacío, de enojo y puedas hablar de tu ser querido que se ha ido sin que el llanto se apodere de ti, sentirás otra vez serenidad y sabrás entonces que el duelo ha concluido.

¿Cuánto tiempo? Eso no se puede establecer, puede ser meses o años, los factores son muchos y en realidad no importa el tiempo que dure, lo más importante es que te des cuenta que estas caminando hacia adelante, que cada día que pasa estas mejor, no te puedes estancar. La muerte sucede y eso no lo vas a cambiar.

Nuestra vida cambia cuando alguien cercano muere, si, quizá mucho, en algunos casos el cambio de vida es drástico, pero es parte de la vida para los que nos quedamos aquí y tenemos que seguir viviendo.

Para la familia Videla Cotilla, la muerte de uno de los miembros, significó tantos cambios que el paso por el duelo estaba siendo muy doloroso sobre todo para la menor, quien apenas tenía 14 años. Pérdida de una persona muy querida, cambio de casa y de rumbo de la ciudad implicando eso cambio de escuela y rutinas, un duelo diferente cada miembro, pero en sí, una familia en duelo.

Lo que me pertenece me va a doler, siempre y tratándose de los seres queridos la pertenencia significa que hay algo tuyo en mi y también algo mío en ti, es un compartir la vida, nos va a doler perder a alguien a quien su alegría nos alegraba y su dolor nos dolía. (1)

Te duele porque vas a extrañar a esa persona, porque te va a hacer falta en tu vida. Porque se crea un –vacío- que se transforma en una nueva realidad que quizá no te gusta mucho porque simplemente no la conoces, antes tenías a esa persona, ahora no está, muchas circunstancias cambian y esto te traerá sufrimiento y frustración.

3.2 Etapas del duelo.

De acuerdo con lo que la madre de la Tanatología, Elisabeth Kübler- Ross nos enseña, estas etapas son: 1) negación y aislamiento, 2) Ira, 3) Pacto o Negociación, 4) Depresión y 5) Aceptación. Quiero aclarar que estas etapas no es preciso que pasen así, una por una en todas las personas en duelo, quizá alguien no pase por alguna de ellas, o alguien más las viva no en este orden, es solo una guía sobre lo que sucede.

(Ver gráfico 4)

Durante la primera etapa, negación y aislamiento, no puedes aceptar que ha sucedido la muerte de una persona que quieres, es un mecanismo de defensa y no estarás muy dispuesto a hablar de la pérdida que has tenido, ni mucho menos sobre tus sentimientos.

Generalmente en esta etapa el conflicto con el médico que atendió a tu familiar que acaba de morir, no es tu principal problema como doliente. No es común que en esta etapa se tenga conocimiento por parte de los mediadores de una persona que quiera tener un diálogo con el médico.

Para ti, como familiar que te encuentras en esta etapa, lo que está sucediendo es algo irreal, sobre todo si la muerte fue intempestiva, súbita y te ha tomado por total sorpresa.

Se dice que hay dos tipos de pérdida: la repentina y por fase terminal. Aunque ambas duelen y por lo tanto causan un –duelo- la repentina no nos da tiempo de irlo asimilando y la de por fase terminal al menos nos permite pensarlo como posible.

3.2.1. Negación.

La negación es cuando estás totalmente cerrado a la realidad, no quieres creer que se ha muerto y en esa negación quizá ni siquiera quieres acudir al funeral o al velatorio. Hay para quienes la negación no es del hecho de forma directa, si no de la importancia que reviste, entonces, acuden a los funerales pero en su interior están convencidos de que la persona muerta no está muerta, que algo pasará pero que esa persona regresará a la vida normal. Puede decirse que la negación amortigua el duro golpe que significa perder a alguien.

Parte de esta etapa es aislarse, porque tu mente está trabajando a mil por hora y quizá no necesitas o crees no necesitar a nadie a tu alrededor.

En esta etapa, es casi imposible que se pueda ser mediable. Pero si un mediador llegara a tener una persona que identifica que se encuentra en esta etapa, yo aconsejaría que se hiciera pasar un poco el tiempo, con la finalidad de darle lo necesario para que se encuentre en condiciones de mediar.

En el capítulo de herramientas para el mediador platicaré un poco más acerca de que es lo que se puede hacer.

Esto es justo lo que le estaba pasando a Maricela, la mamá de la familia, entró en un tipo de shock, que le defendía de la realidad tan dura de la pérdida que estaba experimentando. Yo no lo vi en esa etapa porque ni siquiera quiso salir de su casa. Me lo contaron sus hijos. Y era muy duro para ellos verla en ese estado de negación total. No duró mucho tiempo, serían un par de días, de los cuáles parece ser que no se acuerda mucho, su mente le estaba protegiendo.

3.2.2. Ira.
La segunda etapa, enojados con el mundo. Es la etapa de la ira. La ira es un enojo en el grado de pasión.
Ya aceptaste el hecho, pero no aceptas que te haya sucedido a ti. Pero como te das cuenta que en efecto tu familiar ya no está, que se murió y no lo verás más, entonces estas enojada. Surgen las preguntas ¿Por qué? ¿Para qué? ¿Por qué a mí? ¿Por qué a nosotros?

Es la etapa de llorar y desahogarse. Si se llega a buscar la mediación en esta etapa, los familiares al estar contando al mediador la historia de su inconformidad, de manera inevitable lloran; no importa si es una chica, si es una mujer adulta, si es un joven o es un hombre maduro, al contar la historia lloran y también hablan con malas palabras y muchos quieren castigar al médico que atendió a su familiar, algunos hasta hablan de meterlos a la cárcel, de quitarles la cédula profesional, de que no vuelvan a ejercer la medicina. Se desahogan.

Cuando se llega en esta etapa, el mediador hará uso de sus más finas técnicas y además, de su más humano y acogedor lado. Es una etapa difícil para mediar, pero también tiene su lado muy bueno, porque el mediador puede ayudar a controlar esa ira y que esa rabia se convierta en avance. En esta etapa, de no caminar hacia adelante, o de acentuarse demasiado, puede ser perjudicial para la salud de quien la sufre.

En la ira y la rabia se reconoce un rencor, se tiene rencor a la muerte, a la vida por habernos quitado de nuestro lado a esa persona que tanto queríamos, a la misma persona muerta por haberse muerto y habernos dejado aquí, extrañando y con la vida nuestra encima.

El rencor te consume, porque te quita energía, te quita vitalidad, te ocupa la mente y no puedes volver a tu vida habitual mientras estés en esta etapa.

Quizá ya regresaste al trabajo, a los estudios, pero estás solo físicamente, porque la mente y el espíritu están enojados y están buscando que hacer con ese enojo.

El rencor y el resentimiento también se van a dirigir a los médicos, a quienes cuidaron a tu familiar en sus últimos días, porque este resentimiento te hace creer que alguien hizo algo en tu contra o de tu familiar o no hizo algo que tú esperabas.

Entonces, si tienes el acercamiento con la mediación y puedes hablar de esa ira y de ese dolor y puedes decirle a la cara al médico lo que te tiene así, podrás avanzar liberando esa ira, evitando que se convierta en rencor.

Entre el fuerte dolor que Maricela estaba sintiendo, sus hijos la convencieron de que fuera con la mediadora. En esos días teníamos la agenda llena, estaba por llegar el verano y por estadística sabemos que es cuando más trabajo se junta. Necesitábamos hacerle un espacio, ya que habíamos analizado que era muy importante recibirla sin demora, pues quizá, después no quisiera volver a ir.

Le dimos la cita y acudió. Pasamos a una de las salas de mediación, ella entró un poco ansiosa, al principio no quería sentarse.

Estábamos dos mediadoras, yo en un sillón individual y mi compañera en uno de los sillones grandes. Había además otro sillón de tres plazas y dos sillas, ella eligió sentarse junto a la mediadora.

Esto nos daba una pauta, no quería sentirse sola mientras comenzaba a platicar lo que estaba pasando en su vida. Maricela comenzó a narrarnos como fue la atención médica, se llenaba de rabia, soltaba maldiciones y también se ponía a llorar muy inconsolable. Estaba muy enojada porque la vida le arrancó un ser tan querido y estaba enojada porque los médicos no hicieron lo suficiente para que no muriera.

3.2.3. Pacto o negociación.
Llegamos a la etapa llamada de pacto o negociación. Sigues llorando la pérdida, pero ya estas más cerca de la aceptación. Te falta un pero.

En esta etapa la persona en duelo que por lo general ha estado enojada con la situación e incluso con Dios, intenta llegar a un acuerdo para intentar superar esta vivencia.

Comentan los expertos que las personas profundamente espirituales, es improbable que pasen por esta fase o la pasarán muy ligero. (2)

Si en esta etapa tienes la oportunidad de acercarte a la mediación, tus peticiones serán más reacias, exigirás mucho porque es la manera en que te aminora un poco el dolor, haciendo tratos, negociación o hasta regateo. Se murió mi familiar – pero- puedo echárselo en cara a alguien y pedirle (o exigirle) que repare el daño que se ocasionó con su intervención.

El mediador tendrá un gran trabajo que hacer con la persona que en esta etapa del duelo se encuentre, puede ser que estén más disponibles al acuerdo que si aún estuvieran en la etapa de la ira, pero sienten que están con todo el derecho de exigir que se les mitigue su pérdida con alguna acción visible, o bien de aspecto económico.

3.2.4. Depresión.

La etapa llamada de depresión, no es una etapa en que se marque un inicio y un fin como tal.

La depresión va acompañando todas las etapas del duelo. Cuando ya no puedes seguir negando, te debilitas y te invades por una profunda tristeza.

Habrá que estar atentos a que esta depresión no se vuelva patológica y este nuestra vida o funciones en peligro.

Una manera en que el mediador puede ayudar en esta etapa es dejar que se exprese en su dolor y se sienta aceptada la persona en duelo aun con su duelo, tristeza y depresión, esa aceptación hará menos duro el camino del que se trata de salir. La tristeza extrema, ese abatimiento, las ganas de llorar, las ganas de no hacer nada, de no ver más que a gente muy cercana, todo eso y algunas otras cosas es lo que nos indica la depresión. La tristeza se va a ir. Un día no te sentirás más triste por la muerte de tu ser querido. No será que lo hayas olvidado, pero será que has vivido el duelo y lo has superado, tienes entonces mucho camino que seguir recorriendo, sigues con tu vida.

3.2.5. Aceptación.

Al final llegará la aceptación, aceptas tu estado de vida sin esa persona.

No quiere decir que estés feliz, pero estás aprendiendo a vivir con lo que te está tocando vivir.

Las etapas que se consideran del duelo, hay que tener en cuenta que son signos de nuestro dolor y no de forma necesaria sucederán en este orden ni tampoco tienen que ocurrir todos en todas las personas.

Solo son parámetros que se han establecido y que nos sirven para comprender mejor lo que nos pasa o lo que le pasa a las personas que están en duelo y que están cerca de nosotros o son nuestros pacientes, o los familiares de nuestros pacientes.

3.3 ¿Qué más pasa cuando estamos en duelo?

Cuando estamos viviendo un duelo, a veces no sabemos exactamente el tiempo que ha pasado, o por el contrario, nos obsesionamos con el tiempo y lo contamos de una forma exacta.

Por ejemplo de forma continua pensamos y comentamos "hace 3 meses fuimos a comer a ese lugar", "la última vez que vine a este parque, el aún estaba bien...", "un día como hoy hace 2 años se puso el vestido de flores"; los recuerdos de esa persona que ya murió los seguimos sintiendo como si estuvieran aun ahí.

En cierta etapa del duelo nos sentimos culpables por no haber hecho más para retener a nuestro ser querido y le pedimos perdón dentro de nuestro dolor, pensamos todo el tiempo en esa persona que ya murió y no nos la podemos quitar de la mente. Sentimos que en cualquier momento vamos a voltear o llegar a algún lugar y ahí va a estar, que todo fue un sueño y luego llegará la etapa en que pensamos si ya será tiempo de olvidar, pero nos recriminamos porque aun sentimos y pensamos a nuestro ser querido. Nunca va a ser momento de olvidar, pero sí de seguir adelante.

Hay una canción que me parece muy ejemplificativa del duelo de una persona muy querida y cercana, que incluso volvemos a entrar en su habitación donde murió o donde habitualmente vivía. Esta canción la compuso y la canta Franco de Vita. Te invito, a que dejes un momento esta lectura y busques la letra, la leas y escuches también la canción, se llama: Te pienso sin querer.

Escúchala y reflexiona si te hace pensar en tu duelo ya sea presente o pasado. En algo puede ayudar.

3.4 Duelo e inconformidad. El sistema de salud.

Cuando al inicio de estas líneas hablábamos del conflicto, platicábamos acerca de que muchas veces, incluso cuando el médico ha invertido tiempo en explicar a los familiares el estado del paciente, por naturaleza humana no llegan a comprender lo que les están explicando.

Esto termina siendo una inconformidad con el médico porque dicen "no me explicó nada" o "no me explicó lo suficiente" en el mejor de los casos aceptan "si me dijo, pero yo no le entendí".

Dependiendo del caso en concreto, pero creo que sería muy importante que se contara en las instituciones de salud con el apoyo de psicólogos, tanatólogos, personas que puedan ayudar a los familiares que están recibiendo una mala noticia a comenzar a procesar ese duelo.

El medio privado también se podría recomendar y canalizar, sin embargo causaría un costo extra que no siempre se puede costear, en las instituciones públicas de salud si se puede implementar como parte del servicio de ofrecen.

En el Título Octavo bis de la Ley General de Salud de México (que se anexa al final de este libro), se contempla la cuestión de los cuidados paliativos para las personas que están diagnosticadas con una enfermedad terminal, se regulan cuestiones interesantes y me parece un excelente avance sobre todo en la regulación de la obstinación terapéutica y la libertad del enfermo de decidir sus tratamientos. Sin embargo aún no se habla de un apoyo tanatológico para los familiares y para el mismo enfermo.
Me parece interesante e importante conocer este título de la Ley mexicana de Salud, por lo que lo comparto.

Si pudieran en instituciones de salud, llevar un seguimiento del paciente con enfermedades crónicas y terminales de forma integral, que cada que tuvieran una cita médica pasaran antes (o después) con el psicólogo, el tanatólogo, que toda la atención médica encerrara una atención muchísimo más humana y el sistema se preocupara de todo el entorno del paciente, sería maravilloso. Porque no siempre los médicos pueden hacer el familiograma y red de apoyo, se necesita que se amplíen esos servicios para los pacientes y sus familiares.

La idea es que no se deje a los médicos tratantes toda la responsabilidad de acompañar a la familia doliente además de hacer lo más que pueden desde el punto de vista médico en los momentos críticos; siempre será útil que el médico esté atento y cercano, pero contando con la gran ayuda que implica un especialista en algo tan humano y profundo como es el manejo de el dolor que se empieza a sentir cuando dan un diagnóstico malo para la vida.

Pasar un duelo siempre va a ser más fácil si en nuestra vida existe esperanza y sabemos, o tenemos confianza en que todo ese dolor tiene un sentido, que la vida no se ha terminado, que aún nos está esperando algo muy importante y trascendente para cada uno.

¿Cómo podemos alimentar la esperanza? Encontrando una misión que cumplir cada uno, es el mejor estímulo que podemos tener. Si el sentido que le encontramos a la vida después de haber perdido a un ser querido es un sentido espiritual, aún más grande notaremos que podemos seguir adelante de una manera más sencilla o al menos más satisfactoria. (3)

REFERENCIAS:
1, 2 y 3. Juan Antonio Ponce Carrión. Apuntes del Diplomado en Tanatología. Humanae S.C

Gráfico 4.

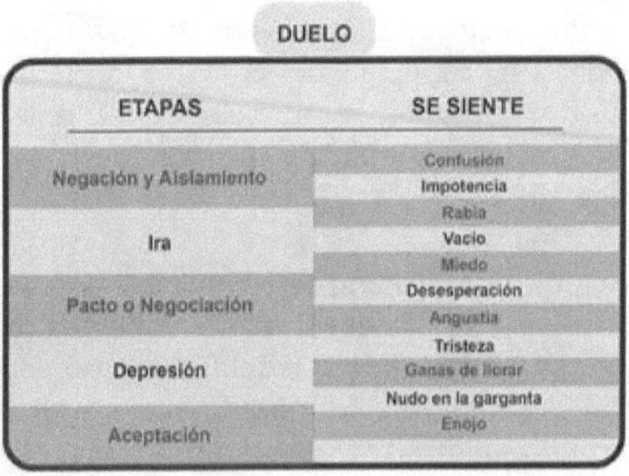

DUELO

ETAPAS	SE SIENTE
Negación y Aislamiento	Confusión
	Impotencia
Ira	Rabia
	Vacío
	Miedo
Pacto o Negociación	Desesperación
	Angustia
Depresión	Tristeza
	Ganas de llorar
	Nudo en la garganta
Aceptación	Enojo

CAPÍTULO 4. ¿POR QUÉ MEDIAR SI PIENSO QUE EL MÉDICO ACTUÓ MAL Y MI FAMILIAR SE MURIÓ?

¿Qué pasa cuando quien acude a un mediador, tratando de buscar una solución a su conflicto, es el familiar, ya que como se trata de una mediación en el ámbito médico, el paciente ha fallecido?

Si tu perdiste a un ser querido posterior a una atención médica, sea un largo tratamiento o una intervención quirúrgica, siempre existirá la interrogante ¿y si el médico no hizo todo lo que podía hacer y por su culpa mi familiar murió?

*"Existe al menos un rincón del universo
que con toda seguridad puedes mejorar,
y eres tú mismo."*
Aldous Huxley

Mediar con el médico que atendió a tu familiar en sus últimos momentos es importante, porque puede ser que te encuentres en una zona de confort que no siempre va a ser cómoda, las zonas de confort nunca te dejan crecer y aunque estés en duelo, sabes que no quieres quedarte estancado en ningún sentido.
Por zona de confort entendemos el conjunto de situaciones, pensamientos, lugar, actitudes actuales que una persona está viviendo y de las cuales esta – cómodo- de forma que si no imprime esfuerzo, puede mantenerse ahí con los mismos pensamientos, la misma gente, las mismas actitudes y a la larga, si eso no es positivo puede repercutir en su vida en general.

Por tu mismo duelo necesitas saber más, necesitas enfrentar a los médicos o personal de salud con quienes tuvo contacto los últimos días tu ser querido, para en cierta forma, sanar esa parte de tu duelo y seguir avanzando en tu propia vida.

4.1 Ventajas de la mediación.

Una persona que no ha estudiado cuestiones de comunicación y/o psicología, no tendrá las herramientas para por ejemplo, actuar o llevar un diálogo con quien tiene un conflicto y hacerlo de manera asertiva. Entonces será el mediador quien ayude a enfocar a las partes a que se comuniquen de forma asertiva para que pueda haber en un momento dado un entendimiento. Una persona que tiene un conflicto pero que se le ayuda a expresarse de forma asertiva podrá decir lo que piensa, siente y cree de una forma clara, respetuosa, directa y oportunamente.

¿En qué estado emocional acudes con el mediador? Estas en una etapa de duelo.
Por lo general, cuando acuden a quejarse del médico que atendió a su familiar se encuentran en la etapa de ira o bien de pacto o negociación. Gran papel juega el mediador, que en la calibración pondrá especial atención a estas etapas del duelo, para poder identificar si la persona que solicita el servicio está en condiciones de poder mediar.

Todas estas emociones que estas sintiendo al pasar por un duelo, van a ir de la mano de la indecisión y esto es porque las emociones del duelo son de baja respuesta anímica, entonces todo lo que estés pensando en hacer mientras estás viviendo el duelo, dudarás de hacerlo.

Cuando Maricela se presentó aquella vez a la primera sesión individual, pudimos avanzar un poco reafirmando su sentimiento de impotencia al haber tenido una pérdida tan importante en su vida y sentir que los médicos que dieron la atención no habían hecho lo suficiente.

En ese momento me sentí identificada con ella cuando mi madre estaba tan grave y yo sentía que el médico que la estaba atendiendo, no volteaba a ver otros esquemas de
tratamiento que yo quería pensar que le ayudarían más, porque a mi parecer ese tratamiento en lugar de ayudarle le estaba perjudicando. Cuando mi madre murió, durante mucho tiempo sentía esa sensación de coraje con el médico por no haber buscado otras alternativas en el tratamiento y por haberme quedado con la incertidumbre si yo debí en aquel momento haberlas buscado. Más tarde comprendí que el especialista era el médico y aunque el resultado no fue el que hubiera querido, en el había que confiar.

Maricela nos platicó que estaba en tratamiento psicológico y al plantearle de lo que se trataba la mediación, aceptó continuar y manifestó que le interesaba mucho platicar con los médicos porque tenía muchas dudas y quería hacerles muchas preguntas acerca de esos últimos minutos de vida que ellos atendieron.

Sabemos que hay personas que se enfrentan al médico y le preguntan directamente, otras personas lo enfrentan pero no le preguntan si no que le exigen y aseguran que lo que hizo estaba mal hecho. Poder tener una sesión de mediación con el médico que atendió al familiar sería la mejor opción.

En mi experiencia he visto que las personas que han perdido un familiar y que a pesar de su duelo quieren llevar a cabo un proceso de mediación, van a acudir con ciertas o cierto grado de actitudes negativas, el trabajo del mediador es muy importante ya que debe de tener la habilidad de reformular esta comunicación negativa y cambiar el enfoque.

Promover el pensamiento dinámico, no dejando que las partes se estanquen en su dolor, invitándolos mediante las técnicas de reformulación en especial a pensar

positivamente, utilizando la técnica de preguntas que mejor se acople al momento y pueda ayudar a que se muevan de lo negativo a lo positivo, propiciar que no sea un debate (posiciones) entre las partes, sino que se dé un diálogo (intereses, necesidades) y el mediador es quien debe mover a las partes para que pasen de uno a otro y ellos mismos vayan encontrando soluciones y respuestas a sus propias interrogantes y que también encuentren lo positivo del conflicto.

4.2 ¿Cómo se hace la mediación?

Vas a tener la oportunidad de hacer un recuento de los hechos, de preferencia lo pondrás por escrito, recordando detalles, fechas, conversaciones y recabando documentos como recetas, estudios, resultados de laboratorio etc., si es más de un familiar y puedes sentarte con alguien más a platicar y escribir lo que sucedió, será de gran ayuda, ya en sí, es una forma de desahogarse y de ver los hechos de manera –externa- cuando vuelvas a leer lo que has escrito.

Después, se invitará al médico a una audiencia de mediación, en la cual, frente a ti, que eres familiar de la persona fallecida, podrá explicar cuál fue el tratamiento y/o procedimiento que se le dio, hablándote del diagnóstico que tenía, platicándote acerca del pronóstico que se dio en algún momento y en general, dialogando y contestando las preguntas y dudas que tu le plantees en ese momento.

La mediación que estábamos llevando a cabo con la familia Videla Cotilla, como antes lo dije, tenía muchos matices.
En cuanto a la mediación con los médicos, era el papel de la madre, Maricela, ser quien representara los intereses de la familia, pero para tener el panorama completo, respecto ahora de la atención médica, le pedimos que hiciera junto con el resto de la familia un relato de los hechos, lo más claro y explícito posible, no importando que tan extenso sea lo importante es que se plasme todo lo que se vivió desde que llegaron al hospital hasta el deceso y las posteriores búsquedas de entrevistas con los médicos que no tuvieron éxito y que es una de las razones por las cuales decidieron acudir a la mediación.

Las mediaciones que no fueron de tema médico, no las analizaremos en esta ocasión.

4.3 Lo más difícil.

Nunca es fácil, para ninguna de las partes lo es.

En mi experiencia he visto familiares que no aceptan la enfermedad que su familiar tenía, para ellos, la causa de la muerte fue solo "algo" que hizo mal el médico. En la mediación, se da la oportunidad para que el médico explique (muchas veces por segunda ocasión) cual era la enfermedad base que tenía la persona que murió, cuáles eran las características que presentaba y el diagnóstico que tenía.

Existe un inconveniente grande cuando, el enfermo entró caminando por su propio pie al hospital y no salió con vida.

De manera literal las personas le preguntan al médico ¿Por qué si mi –madre– entró caminando, salió muerta? Y en su entender, la mataron en el hospital.

Puedes estar experimentando emociones diversas, sobre todo la ira/enfado, porque consideras que el médico pudo haber hecho más para que tu familiar siguiera con vida. Llegas a la institución mediadora, comisión o al despacho de mediación, buscando ayuda, buscando ser escuchado en tu queja y quizá encontrar una respuesta.

Nos encontramos con infinidad de respuestas.

Hay quien dice que jamás querría volver a hablar con ese médico o con esa persona con la que tiene un conflicto, que ellos pensaban que solo le iban a hacer alguna solicitud al médico y que sería resuelta, o que por escrito enviara el médico su explicación.

Hay quien al principio se rehúsa pero después cambia de opinión y hay quienes desde el principio les parece muy buena idea y aceptan la mediación.

De todo lo que sienten las partes que están mediando, hay muchas cosas que no se comunican verbalmente, que son solo sentidas, que son experimentadas, que son vistas pero que son muy difíciles de expresar en palabras. El mediador tiene que estar atento a todas esas señales y a las emociones y sentimientos del familiar, recordando, de acuerdo con Maturana y Marinés Suares que los sentimientos no son observables, pero las emociones si, ya que son procesos psíquicos y corporales.

Hay una frase que me gustó mucho porque es muy precisa de aplicar para la comunicación y para las cuestiones que tratan los médicos, cuando hacen entender al paciente que cada organismo es diferente y por lo tanto va a reaccionar diferente a los tratamientos: "El lenguaje es una parte de nuestro organismo y no menos complicado que éste" Ludwig Wittgenstein.

Después de hablar, de intercambiar sus puntos de vistas y expresarse sobre el conflicto que tienen, puede ser que lleguen a un acuerdo que ponga fin a esa situación específica. Pero llegar a un acuerdo no significa que se acepte que se cometió un error.

Puede ser una manifestación de solidaridad o en un afán de solucionar el conflicto, sin aceptar responsabilidad.

4.4 Ponerse en el lugar del otro.

La mejor manera de entender la posición del otro en el conflicto, es ponerse en su lugar, a esto se le llama –empatía-. Si tu, paciente, logras entender un poco el actuar del médico como si te pusieras en sus zapatos y el médico ponerse los tuyos como paciente o como familiar del paciente que falleció sobre todo porque quizá tu (o el familiar) nunca estudiarás medicina ni serás médico, pero el médico si será paciente algún día y también familiar de un paciente, eso no lo deben olvidar los médicos.

Es un intercambio de lugares que puede ayudar a que la inconformidad sea menor, se atenúe y así poder llegar a un acuerdo.

En ocasiones nos encontramos en las mediaciones con médicos muy nerviosos, muchas veces podemos ver en sus cuellos como saltan las venas latiendo y como el sudor empieza a bajar por sus frentes.
Quizá sea una buena señal de que están entendiendo el dolor de los familiares y no encuentran palabras para poder explicar que su actuar fue el que en ese momento creían era el correcto.

4.5 Error, no dolo.

Porque yo estoy convencida que los médicos no quieren dolosamente, causar un mal a sus pacientes, ni mucho menos, ocasionar una lesión o un daño que los pueda llevar a la muerte.

Tendría que ser una mala persona, con muy pocos valores y que ni siquiera su vida valorara, porque haber invertido tanto tiempo y esfuerzo en estudiar una carrera para salir a hacer el mal a las personas que se pongan en sus manos, no creo que ocurra.

Lo que si pasa es que ocurran errores, que por imprudencia pudieran ocasionar un mal mayor al que de origen estaban tratando, pero no con dolo, no con ganas de dañar.

Si esto ocurre también el médico tiene que ser consciente que de alguna manera hay que reparar ese daño ocasionado y hay que poner de su parte para escuchar y explicar en la mediación lo ocurrido y en algunos casos que he visto, reconocer humildemente que fue un error y ofrecer la reparación.

Hay médicos que en la sesión de mediación, explican muy bien todos los procedimientos que realizaron en el paciente, se apoyan en libros, esquemas, dibujos, representaciones a escala y todo eso ayuda mucho a que los familiares entiendan un poco más de que fue lo que pasó con su ser querido desde el punto de vista médico.

Es muy difícil que vayan a comprenderlo totalmente puesto que no tienen el conocimiento anatómico, biológico, fisiopatológico, bioquímico del cuerpo humano y aunque el médico trata de explicarlo con palabras más comunes, no siempre es fácil para quienes no hemos estudiado medicina.

Por esa razón, considero que es aún más importante la parte de la comunicación y la parte humana del médico hacia su paciente o sus familiares en una mediación. (ver gráfico 5)

Aquí el médico debe entender que ellos no van a comprender esos procesos hasta el punto de aceptar, que quizá en efecto, el médico no tuvo la culpa de la muerte de su familiar, entonces, gran trabajo para el médico será el expresar sus condolencias, explicar lo más que pueda y comprender lo que en esos momentos manifiesten los familiares.

En este cuadro podemos ver que en realidad hay más posibilidades de que se pueda evitar el surgimiento del conflicto, eso nos lleva a suponer que en la mayoría de los casos de atención médica no existe conflicto. Pero en los que si lo hay, hay que encontrar la solución y hay que asegurarnos de que sepan que la mediación puede ser esa solución.

Hay médicos que se cierran y no dan más explicaciones, "señora yo hice todo lo medicamente posible a su mamá, pero ella murió". Y será su postura y no la cambiarán tan fácil. El mediador se esforzará aun más con las técnicas que considere y aun así, en alguna ocasión, puede ser que no se mueva de ahí.

Cuando un paciente le pregunta al médico que es lo que puede esperar de su enfermedad que le acaba de ser notificada y el médico le contesta que no le puede dar un pronóstico en ese momento, han manifestado muchos pacientes que es algo fuerte de escuchar, que por lo general les asusta porque piensan que el médico no les quiere decir la verdad y durante la mediación si se toca este punto, el médico a llegado a aclarar que no era por no decirle la verdad si no porque aun faltaban estudios por hacer para poder dar un diagnóstico certero, sin embargo, en la consulta aquel día, no se lo explicaron al paciente y le ocasionaron una angustia.

El médico, para atenuar toda la serie de inconformidades que surgen alrededor de un diagnóstico, entre otras cosas puede al ponerse en los zapatos del enfermo o de los familiares, dar ejemplos claros, utilizar un lenguaje sencillo, si utiliza términos médicos explicar a que se refiere.
Hacerlo en la consulta o en la atención puede evitar que después tenga que hacerlo en otra instancia, de suerte que sea la de la mediación y podrá hacerlo de forma tranquila, es mejor en el momento oportuno.

4.6 La mediación por atención médica.

Hay diversas opiniones de los médicos sobre acudir a la mediación, no todos acudirían a sostener un diálogo con el paciente, escuché a un médico decir en una ocasión "no voy porque no buscan quien se las hizo sino quien se las pague", o simplemente porque se asesoran mal y les dicen que como legalmente no hay nada, que no tiene caso ir a mediar.

Las enfermedades también van a alterar nuestras emociones y por lo tanto nuestra percepción de la realidad, por eso, dar la oportunidad de tener un encuentro con el médico y que nos platique y explique todas las dudas que tenemos del proceso y tratamiento que llevó a nuestro familiar a la muerte, es una oportunidad no solo para el médico sino para nosotros mismos también.

La mediación, es una forma rápida, barata, sencilla y eficaz de resolver los conflictos suscitados entre los pacientes y los médicos.

Los pacientes mencionan que se sienten defraudados y tristes, porque esperaban un resultado diferente y además, si en un determinado caso se sentían cercanos al médico y luego se dan cuenta, perciben o creen que el médico no ha sido claro de manera suficiente respecto al diagnóstico o al tratamiento, llegan esos sentimientos. En la mediación, lo pueden expresar en ese lugar seguro para el diálogo. Llamo lugar seguro para el diálogo al momento que se vive en una sesión de mediación, es seguro porque las partes pueden expresar todo lo que sienten, piensan acerca del conflicto que los llevó a la mediación, lo pueden expresar sin temor a represalias, pueden preguntar todo lo que quieran y puede la otra parte responder todo lo que quiera, es seguro porque no se permite que se falten al respeto, no se permite que una parte trate mal a la otra, a eso le llamamos un lugar seguro en la mediación.

4.7 ¿Por qué mediar un conflicto?

Porque tienes que sanarte, sacar tu problema, solucionarlo y la mediación te ofrece en su camino una excelente posibilidad de hacerlo. Será con un profesional, en un ambiente preparado para el diálogo y la resolución de conflictos como el que tú tienes.

Porque si no lo haces y decides o evitar resolverlo y esperar a que pase el tiempo y ver si se soluciona solo, o si decides ir a un juzgado y aventarte un pleito, o si decides hacer justicia por tu propia mano, te vas a desgastar. El estrés te va a ocasionar otro tipo de problemas y este, que no te decides a llevarlo a la mediación seguirá sin resolverse y te habrá costado mucho dinero y esfuerzo.

También porque merece la pena solucionar los conflictos y continuar. Porque solo tenemos una vida. Como lo dijo Nietzsche "siempre que uno encuentra un porque, encuentra un cómo".

La mediación como lo dice Javier Alés Sioli es "para saber ver una oportunidad donde solo existía un problema."

La familia Videla Cotilla encontró en la mediación, no solo la mejor opción para tener un acercamiento con los médicos y poder platicar con ellos, como mediadores actuamos como ese facilitador que necesitaba en ese conflicto médico la familia, creando el espacio para que dialogaran y que hicieran preguntas, para que esas preguntas fueran contestadas y pudieran expresar ese dolor que les oprimía el corazón.

Decimos que los mediadores somos facilitadores porque solo guiamos y estamos al pendiente de ayudar que no se queden en el mismo lugar y a través de las técnicas –facilitamos- que continúe el diálogo.
Más adelante vamos a ver como se desarrolló parte de esa audiencia en conjunto la cuál tardó en llegar ya que hubo que hacer varias sesiones individuales con ambas partes y hasta que vimos que estaban listas para compartir un espacio en el diálogo, lo hicimos.

Como también tenían otro tipo de conflictos dentro del duelo que estaban viviendo, se llevaron a cabo distintas mediaciones como ya lo había comentado.

Respecto de Raúl, el hijo mayor, tuvo que tomar el lugar de su papá en la empresa familiar, lo que supuso una mayor inversión de tiempo, al grado de que su prometida le diera un ultimátum para definir la fecha de la boda, a esto se aunó que los problemas económicos de la empresa que ahora estaba bajo su mando se encontraban con cuestiones de irresponsabilidad de sus contadores y malos manejos de algunas personas que se suponía eran de confianza, todos estos repercutieron en la familia entera. Se llevaron a cabo dos mediaciones importantes con Raúl, una con su novia, en la cual solicitamos el apoyo de un compañero co-mediador psicólogo de parejas y otra mediación de corte más administrativo con los contadores, llegando a acuerdos tan fuertes como el mismo problema financiero que se había desatado.

En cuanto a que la hija de 14 años también se encontraba con muchos conflictos, los platicamos con su madre en las sesiones individuales, sin embargo no era en si un asunto mediable.

El problema con los familiares que el otro hijo había mencionado, en realidad era una cuestión complicada pero no susceptible de mediar en esos momentos ante tanto problema que tenía la familia, se trataba solo de los parientes paternos que apoyaban al papá que con la muerte tan dolorosa que estaban sufriendo se refugió no solo en el alcohol sino en casa de su hermano, abandonando de momento a la familia, sus conflictos y duelo que estaban viviendo.

4.8 Más razones para mediar.

Hay aún más razones para mediar cuando te encuentras en duelo.

Cuando una persona se encuentra viviendo el duelo por un familiar que ha muerto durante una intervención médica, o poco después de esta, es muy probable que surjan dos cuestiones, o no quiere ver al médico jamás en su vida, o quiere ir a ajustar cuentas.

Es importante saber que no es lo mismo realidad y concepto, es posible que estés teniendo el concepto de que el médico no hizo lo posible por salvar a tu familiar, o incluso más fuerte, que el médico tiene la culpa de que tu familiar se murió. Pero la realidad puede ser otra y la estás buscando con el simple hecho de estar en la mediación. Es importante buscar la realidad y no quedarse solo con los conceptos. También en esto ayuda la mediación.

Encontrándose en la etapa del duelo de –negación-, la persona que ha perdido a un ser querido, no acepta que éste murió y en la rayita de pasar a otra etapa del duelo como sería el enojo, la ira, quizá surjan deseos de hacer sentir al médico un poco de ese dolor que estamos sintiendo por nuestra pérdida. Durante la etapa de –ira- en el duelo, es muy difícil de afrontar para la familia..."esto se debe a que la ira se desplaza en todas direcciones y se proyecta contra lo que les rodea, a veces casi al azar... Las enfermeras se convierten en blanco de su disgusto aún más a menudo... el problema está en que pocas personas se ponen en el lugar del paciente y se preguntan de dónde puede venir su enojo." (1)

De darse el caso, buscar el diálogo podría ser muy renovador.

En ese diálogo que se puede dar durante una sesión de mediación, tú vas a vaciar tu alma, así como tus dudas; le expondrás al médico tu sentir y el médico te responderá, tratará de entenderte y en verdad desde mi experiencia, sé que puede ser muy duro para ti esos momentos, que quizá te quiebres y llores ahí mismo, no importa, no pasa nada; rarísimo ha sido el médico que estando en una mediación de este tipo se comporta de forma fría, la gran mayoría en realidad entablan una conversación, un diálogo con el paciente o con el familiar.

La cuestión que si puede surgir es que si las pretensiones del familiar o del paciente son económicas y el médico está seguro de que su actuar fue el correcto, el médico dirá que no puede satisfacer esa cuestión económica, ya será tema o bien de arbitraje o de otra instancia en dado caso, pero respecto al dialogo y el respeto que se da entre las partes en una mediación, vale todo el intentarlo y acudir a la mediación.

Nietzsche dijo: "Todo lo que no acaba conmigo me hace más fuerte". Y "Ningún poder de la tierra podrá arrancarte lo que has vivido" esta afirmación en voz de Viktor Frankl (2) nos dice que abarca cualquier cosa de nuestra existencia, abarca las vivencias profundas como los pensamientos, los sufrimientos, las acciones...

Maricela Cotilla, en la mediación con los médicos que atendieron a su hija durante sus últimos días, tuvo la oportunidad de experimentar muchas cosas que de no darse en la mediación, se hubieran quedado encerradas y le hubieran hecho más daño.

En las entrevistas personales o sesiones individuales como les llamamos, ella llegó con coraje, rabia contra los médicos, decía que no era posible que no hubieran podido salvar a su hija, los acusaba de negligencia médica y lloraba, lloraba mucho en todas las sesiones.

Quiero hacer énfasis en que los mediadores no actuamos como terapeutas con Maricela, ni con ella ni con ninguna persona, recuerda que ella estaba ya en tratamiento psicológico y de no haberlo estado, nosotros se lo hubiéramos sugerido ya que de la percepción que teníamos los mediadores, lo más recomendable era que fuera con un profesional en el tema.

La mediación fue un paso para continuar sanando esa herida que dejaba la falta de una de sus hijas.

La paciencia, la escucha activa, la prudencia, la flexibilidad del procedimiento de la mediación que por parte de los mediadores dimos a Maricela, le ayudaron a que diera ese paso y finalmente se encontrara cara a cara con los médicos. Lo que más le dolía a Maricela era pensar que ella no estuvo cuando su hija dio su último aliento y ese tema en la mediación conjunta, mis respetos para los médicos en su explicación ya que supieron poner la mano en el corazón de esa mamá que tanto sufría por pensar que su hija había muerto sola.

¡Es una de las maravillas de la mediación! Se lleva a cabo entre personas, que tienen un conflicto si, lo hay, pero en ese espacio de mediación y guiados por expertos mediadores esas personas con conflictos se vuelven –personas dialogando- y de manera interna y a veces externa, se logran acuerdos.

REFERENCIAS.
1. Elisabeth Kübler-Ross.Página 74, 75 "sobre la muerte y los moribundos"
2. Viktor Frankl. "El hombre en busca de sentido". Editorial Herder. Página 105, 106

Gráfico 5.

	MÉDICO	PACIENTE	CONFLICTO
Disposición al diálogo en el consultorio	✓	😊	No Existe
Comunicación Asertiva	✓	😊	No Existe
Error dialogado	✓	😐	Solucionada
Error sin comunicación	X	😠	Sí hay
Disposición al diálogo en el consultorio	✓	😊	No Existe
Comunicación Asertiva	✓	😊	No Existe
Empatía	✓	😊	No Existe

CAPÍTULO 5. LAS HERRAMIENTAS DEL MEDIADOR PARA INTERVENIR UN CONFLICTO EN DUELO

En este capítulo, que considero muy útil para los mediadores, hago una recopilación de las características de nuestro trabajo y de las que nosotros debemos tener para poder hacerlo bien.

El lector que no es mediador podrá darse una idea de todas las herramientas con que cuentan los mediadores y espero, eso le dé aun mayor confianza para decidir solucionar sus conflictos a través de la mediación.

5.1 Se necesita sensibilidad.

Mediador, seas de formación o de experiencia, tendrás que contar con un variado abanico de conocimientos. No se trata de enfocarse a un área determinada. Sea cual fuere tu profesión, debes contar con una gran sensibilidad extra y una dotación de humanismo.

Facilitar una comunicación eficiente es la tarea más importante del mediador. Que seamos percibidos por las partes como un tercero que esta "facilitando" la comunicación, un facilitador.
Como mediadores nuestra característica principal debe ser tener inteligencia emocional, entendiendo esta como la capacidad de sentir, entender y controlar los estados de ánimo propios y en nuestro papel de mediadores, también los ajenos.

Si un mediador quiere llevar una mediación con una persona en duelo, igual, con reglas fijas y parámetros establecidos como lo haría con una mediación comercial, o comunitaria o de algún otro tipo de problema pero que una de las partes no está en duelo, estará en un aprieto, no logrará comprender ni a la parte doliente ni a la otra parte invitada y no se trata de ese tipo de imparcialidad la mediación.

5.2 Las herramientas.

Imparcial. Ser imparcial no quiere decir que no estoy de lado de ninguno, ser imparcial quiere decir que escucharé a ambas partes y a ambos ayudaré a encontrar una solución.

Confianza. Infundir confianza es esencial para que el espacio del diálogo en la mediación se pueda dar, primero con la parte que solicita la mediación y después con el invitado, más tarde de esa confianza ganada a ambas partes, será parte medular en el intercambio de ideas que harán ambos en la audiencia en conjunto o audiencia de mediación.
Para lograr esta confianza, el mediador tiene que lograr una conexión personal con, en primer lugar, el familiar o la persona en duelo que solicita la mediación, a través de la empatía y también de la sinceridad.

La confianza además de instaurarse entre las partes y el mediador, también debe manifestarse hacia el proceso mismo de mediación, si no, el mediador se quedaría como un terapeuta, lo cual no es, o como un amigo que escucha. La mediación debe ir más allá, las partes deben confiar en un proceso bien establecido y definido pero al mismo tiempo flexible y sensible.

Empatía. Esta palabra proviene del griego, empatheia. Queremos entender por empatía el comprender lo que está viviendo la otra persona, compartir esos sentimientos que nos son ajenos pero que entendemos porque lo están sintiendo así y que el otro se dé cuenta, que perciba que lo estamos entendiendo.

Reconocer las emociones. Una persona en duelo tendrá las emociones, como decimos, a flor de piel. Entonces el mediador debe saber reconocer esas emociones y no solo de la parte en duelo, también de la otra parte. No olvidar que las emociones del duelo son de baja respuesta anímica.
Las emociones son reacciones neuronales y químicas, nos van a ayudar a organizar nuestra actividad, al equilibrio fisiológico preparando al cuerpo para que se adapte al entorno que se le está presentando, ya que las emociones se activan cuando nuestra psique detecta que hay un cambio significativo para nosotros.

En la lista de emociones básicas encontramos algunas que se parecen mucho a las etapas del duelo: ira o enfado, sorpresa, alegría, asco, miedo, tristeza.
Hacer un enlace de las emociones y la etapa del duelo por la que está pasando el mediable, nos ayuda a lograr la empatía necesaria para ganar la confianza.

Por ello es importante que el mediador tenga profundos sentimientos de humanidad y conozca si no en carne propia, haber estudiado que es lo que está pasando con una persona que está en duelo.

Usar la co-mediación. Va a ser muy importante que el mediador se dé cuenta cuando una mediación es necesario realizarla en co-mediación. Cuando vemos que el familiar del paciente que murió esta muy encolerizado o manifiesta de forma abierta la ira para con el médico, una forma de aportar tranquilidad a todas las partes en la mediación es que en la sesión haya más personas pero no solamente de relleno sino mediadores. Entonces si un mediador está trabajando solo un caso, pero detecta que el apoyo de otro mediador sería óptimo, adelante, hay que hacer uso de esta figura y trabajar en equipo.

Paciencia. El mediador ha de ser paciente, es muy común que la parte invitante, es decir el familiar que está en duelo, llegue al mediador y solicite sus servicios para demandar, para quitar la cédula del médico, etcétera y con toda paciencia el mediador le ha de escuchar primero y explicar después, cuantas veces sea necesario, porque dependiendo de la etapa del duelo en que se encuentre quizá le cueste más trabajo comprender de que se trata la mediación y aceptar mediar con el médico a través del diálogo.

También el mediador tiene que ser paciente, para esperar a que el mediable pase las etapas difíciles del duelo.

Comentábamos que en la etapa de negación lo mejor sería dejar pasar un poco el tiempo, podrían hacerse una o más sesiones individuales, cortas pero con mucha escucha activa, que le dejen ir por el camino hacia adelante hasta que su condición lo lleve a la etapa de negociación o bien a la de aceptación y pueda hacerse una mediación en conjunto.

Valentía. La valentía que nos menciona Jean-Francois Six en el libro La Dinámica de la mediación, considero que en efecto debe ser una virtud moral del mediador y me encanta como se explica en este texto que implica la discreción de retirarse después de lograr una mediación, de tener valentía en "correr el riesgo de que la mediación tenga éxito o no lo tenga" (1) y nada más agregaría que debe tener la valentía para aún sintiéndose identificado con el dolor con el que acude el familiar del paciente, mantenerse lo suficientemente imparcial para poder hacer su trabajo.

Diferente, única. Cada mediación será única para el mediador.
Claro que habrá aprendido de su experiencia, pero si los actores no son los mismos, la mediación no es la misma. Y aún siendo los mismos actores, el problema o el planteamiento pueden ser diferentes. Ninguna mediación será igual, nunca.

Interés. El mediador debe estar interesado en el caso que se está exponiendo, pero también en las personas y demostrarlo así en la sala, de otra manera no sería un mediador sino solo una ayuda para que se solucione un conflicto.

Cuando vimos las etapas del duelo, veíamos que una persona que se encuentra en la etapa de negación (e incluso también en la de ira cuando ésta es muy fuerte) el mediador en el afán de ayudar a esta persona que está solicitando una mediación, al detectar que estando en esta etapa del duelo, será muy difícil que puedan mediar, quizá si entráramos así a una audiencia en conjunto, más que mediación sería una sesión de desahogo, que no está mal, pero no es lo que estamos buscando.

Entonces el mediador podría hacer tiempo, pero no como perdiéndolo, sino siempre viendo que sea algo positivo, puede: canalizar a alguna institución de servicios de salud del estado, donde lo atiendan psicológicamente o darle la opción de buscar alguna ayuda particular.

Es cierto que tendrá que ser muy cuidadoso el mediador al recomendar esta –pausa- y siempre durante la misma, continuar en contacto. Es decir que se seguirán llevando a cabo sesiones de mediación individuales, hasta que el mediador observe que ya es viable una sesión en conjunto y entonces se invitará al médico. Entendamos esta parte como un interés general en las personas que acuden a la mediación, un servicio integral si tenemos en nuestras manos hacerlo.

Empoderamiento. El empowerment es una técnica de mediación que se convierte en una herramienta muy útil, ideal, ya que si las partes están conscientes de todo lo que pueden, entonces serán capaces de precisar sus intereses, generar opciones, hacer propuestas y tomar decisiones, lo cual dará un enorme beneficio a el proceso de mediación.

El empowerment quiere decir, empoderamiento, que las partes se sientan con suficiente
y necesario poder sobre el conflicto, pero también que comprendan una serie de cosas que servirán para la mediación como: sus verdaderos intereses, las opciones que hay para satisfacer esos intereses, incluso comprender que son capaces de escuchar a la otra parte y de abrir su razón a la razón de la otra persona, sea el paciente o sea el médico, comprender que pueden crear ellos mismos nuevas opciones de resolución, así de importante es el empowerment.

Buen trato. El buen trato no puede faltar en la lista de características del mediador y más aún en este tipo de mediaciones, un mediador de mal carácter alejará a los solicitantes y dificultará el arreglo.

En el uso de las técnicas el mediador habrá de ser cuidadoso, recordar siempre que las personas que están en duelo tienen un nivel de sensibilidad muy grande y que es probable que estén pensando que el mediador estará del lado del médico o de la otra parte que quizá no necesariamente está viviendo un duelo.

Preguntas. El mediador hará preguntas, con lo cual ayudara a crear opciones en el dialogo y opciones de acuerdo. Una buena pregunta por parte del mediador puede ayudar a cambiar un enfoque negativo de una de las partes a positivo al darse cuenta de lo que es la respuesta de esa pregunta que se le está planteando.

Cuando una persona está enojada, hay que hacer preguntas abiertas, para dar oportunidad a que hable más, si le hacemos preguntas cuya respuesta es un simple -si o no-, va a ser muy difícil que salga de ahí, las preguntas abiertas son las que dan pie a que la respuesta lleve al menos una frase estructurada, podemos empezar con: ¿Cómo...? ¿Qué...? ¿Por qué...?

El mediador debe estar consciente de que tipo de preguntas utilizar en diferentes momentos y casos. También tenemos las preguntas cerradas, aquellas en que la respuesta puede ser una sola palabra y nos pueden ayudar a ver algunas cuestiones, algunas preguntas cerradas son ¿Cuándo...? ¿Quién...? O las que sus respuestas pueden ser sí y no.

Otro tipo de preguntas son las reflexivas, como: ¿cree usted que el médico ha hecho mal las cosas? ¿Entonces que opinaría usted de ese tratamiento?, este tipo de preguntas nos van a ayudar a visualizar el contexto entre posición e interés ya que al no ser tan fáciles de que se respondan en automático, ayudarán a que quien se queda pensando la respuesta, reflexione y esté más consciente de su propia respuesta.

Las preguntas exploratorias, nos van a ayudar a abrir la comunicación ya que nos van a dar la información. suficiente para entender todo el contexto del problema.

Preguntas circulares o sistemáticas van a ayudar a que se conecte el presente y el futuro del conflicto que se está teniendo en la mesa de diálogo de la mediación, como por ejemplo: ¿Qué pasó después de...? Antes de estar aquí que fue...

Caucus. No hay que olvidar que contamos con una herramienta muy útil para las mediaciones que vemos que no están avanzando y el mediador visualiza ciertas cuestiones para hacerles ver de una manera muy sutil a las partes, pero decirlo o si quiera insinuarlo en la audiencia en conjunto podría arruinar el camino andado, para eso tenemos el -caucus- que no es otra cosa que hacer audiencias por separado con cada una de las partes, en las cuales será más fácil que se expresen y podamos observar en qué posición se encuentran, ya que puede haber cuestiones que no se animan o se rehúsan a decirlas en la audiencia en conjunto ante la otra parte.

De lo que se platique en las audiencias separadas o individuales, solamente podremos poner sobre la mesa en conjunto o comentar con la otra parte si nos autorizan para eso, si en un determinado caso dicen alguna cuestión pero nos dicen que por nada del mundo debe saberlo la otra parte, en consecuencia a la confidencialidad, no podremos externarlo aun cuando sepamos que de esa cuestión depende el arreglo. Será trabajo del mediador, hacerle ver a la parte que no quiere que algo se sepa, si es que consideramos que pudiera ayudar en mucho al arreglo del asunto, dicha importancia y en la medida de lo posible convencerlo de poner esas palabras o cuestiones en la mesa.

Flexibilidad y libertad de las partes. La flexibilidad, no solo es una característica de la mediación, (el proceso debe ser el que se acomode al caso y no el caso al proceso establecido) considero que es una característica fundamental del mediador. Como ya hemos mencionado, si bien se llevarán procedimientos que nos ayudan al orden, ya dentro de la sala de mediación la flexibilidad es algo muy importante.

No hay cosas ni temas que no se puedan hablar en la mediación si las partes están de acuerdo. Hay que tener siempre en mente que la mediación es de las partes, no del mediador. Nos vamos a encontrar con personas que al estar en la mediación, por ellas mismas se irán preguntando, respondiendo y comenzando a tomar acuerdos, nuestro papel como mediadores es asistirlos e intervenir solo en lo que ayude a que continúen hacia adelante, la intervención del mediador nunca debe ser para frenar, la única ocasión en que esta validada una intervención para frenar a las partes es en caso de que se estén agrediendo o que de la nada una de las partes se pare y se dirija a la otra como para violentarla físicamente.

En todo lo demás, lejos de detener los acuerdos, el diálogo y en sí la mediación, se deberá ser cuidadoso para alentar el ritmo que las partes quieran llevar.

Prudencia. Todas las características positivas que el mediador tenga irán siempre de la mano, de modo tal que la prudencia con la que el mediador actúe, deberá de ser la línea que cierra el círculo en su actuar y coronar todas las demás.

Cuando es necesario que el mediador, dé un empujoncito a las partes para llegar al acuerdo, o sencillamente para terminar de redactarlo, una manera muy útil de hacerlo es mencionarlo de forma hipotética, la reacción a esta pregunta-propuesta del mediador, dará la pauta real y sincera de si a ambas partes conviene y quieren ir por ese sentido.

Voluntad. Nunca hay que olvidar que las partes llegaron a la mediación de forma voluntaria y así mismo deben permanecer y si así lo deciden, también retirarse en cualquier momento.
Nunca deberá ejercerse coerción para que permanezcan en la mediación ni para que lleguen a un acuerdo. De hecho es muy aconsejable que de vez en cuando se les recuerde eso a las partes en el proceso de la mediación, porque puede ser que lo hayan dejado un poco de lado y se estén sintiendo comprometidos a continuar dialogando, recordárselos los hace volver a centrarse en que por voluntad están ahí y plantearse si desean continuar o no.

Capacidad de las partes. El mediador no debe de perder de vista que las partes son capaces, de forma mental y legal, de hacer acuerdos por ellas mismas y que mientras más autoría propia tengan en esos acuerdos, es más probable que no se presente ningún problema para el cumplimiento.

Escuchar, escucha activa. La persona, por naturaleza, tiene la necesidad de ser escuchada, cuánto más si tiene un problema y más aún si se trata de un problema de salud. Cuando las personas comienzan a platicar sus problemas de salud, no con el médico sino con quien se quejan de la atención médica recibida, muchas veces no tienen claras las ideas, tienen claro que quieren exponer su problema, pero estructurar el pensamiento para expresarlo no siempre resulta fácil. Aquí el mediador tiene una gran tarea, debe, en primer lugar y como ya lo hemos mencionado, escuchar con atención, muchos autores le llaman "escucha activa". El mediador no debe limitarse a asentir y menos a escuchar volteando hacia otra parte. Ha de verse directamente a la cara de la persona que está exponiendo su problemática y aplicar las diversas técnicas que se han aprendido. Es escuchar lo que me está diciendo, no estar pensando en lo que le voy a responder. Y sin juzgar lo que estamos escuchando.

No es cosa del otro mundo, basta con pensar que somos nosotros mismos los que estamos exponiendo y entonces actuar como quisiéramos que nos escucharan si estuviéramos del otro lado.

Saber escuchar implica que no solo entendemos las palabras que expresa la otra persona, sino que también podemos darnos cuenta de sus sentimientos, de lo que no dice con palabras, están incluidos ahí las posturas, los gestos y hasta los silencios propios o los silencios que al hacerles alguna pregunta quedan.
Las personas a medida que están metidas en el conflicto, ya no escuchan a la otra parte.

Parafraseo. El parafraseo después de una real escucha, será de mucha utilidad ya que nos ayuda a crear empatía, al parafrasear lo que estamos escuchando, le estamos diciendo a quien habla que nos interesa lo que está diciendo y que le estamos entendiendo. También será útil, porque entendiendo el mediador la posición de esta parte, podrá hacer la intervención con el médico más certera.

Replanteo. Replantear es en la mediación, tomar lo útil de una frase dicha por una de las partes, es decir lo que sea racional y hasta cierto punto objetivo y que lo negativo que se dijo en esa misma frase sea transformado por el mediador en algo que construya, plantearlo de forma positiva.

Dependerá del caso y de la habilidad y decisión del mediador utilizar esta técnica, ya que es delicada puesto que si aún no se ha movido de su posición inicial quien dijo una frase sujeta a replanteo, es muy probable que no lo tome a bien y el efecto que logremos sea el contrario al esperado. Utilicemos la paciencia y la prudencia para el empleo de esta técnica. Confirmar lo que se ha dicho, pero diciéndolo diferente.

En general al parafrasear, replantear o resumir, se le llama -reencuadre- que es darle otro sentido a lo mismo que están diciendo, haciendo consientes a las partes de lo que significa.

Dimensión revalorizante. Tiene que ver con la voluntad de las partes de estar en la mediación y de hacer mediación, la autodeterminación de las partes de decidir cómo van a
resolver ese conflicto o incluso, si no lo van a resolver.

Hemos hablado de la vulnerabilidad con la que se encuentra, sobre todo, la parte que está en duelo en una mediación (porque es el tema que estamos tratando, pero se aplica para todas las partes en una mediación, siempre irán con cierto grado de inseguridad y temor), fortalecer estas circunstancias y tomar el control de lo que quieren exponer en la mediación, es lo que les da la revalorización. Revalorizar a las partes es hacerles consientes de sus propios recursos, el respeto a sí mismos, que sepan la medida de sus fuerzas y sientan confianza en sí mismos. En cierta forma va de la mano del empoderamiento.

Lugar adecuado. Es muy importante que la mediación se lleve a cabo en un lugar adecuado. Desde el exterior debemos cuidar que pueda ser un lugar sin exceso de ruido que pudiera llegar a distraer o molestar a los mediandos durante las sesiones. Debemos cuidar la estética del lugar, ni muy ostentoso ni demasiado austero, más bien debe ser un lugar agradable y cómodo. La pintura de las paredes debe ser de colores claros, que inviten a la calma, los adornos evitarlos, si los hay que sea algo muy discreto y neutral, no sería nada agradable entrar a una sala de mediación llena en exceso de plantas, o de figuritas de porcelana, o cuadros de caballos o dragones, ni posters infantiles como si fuera el consultorio de un pediatra.

De la limpieza ni diré nada, debe estar limpio. Los sillones y las sillas deben ser cómodos pero no tanto como un diván en el que se arrullen, unos sillones modestos, acojinados, cómodos, no muy bajos porque las personas mayores tendrían dificultad para sentarse y levantarse y las sillas de igual forma cómodas. Hay quienes comentan que entre los muebles de la sala de mediación habrá un sillón de –uno- grande, como si habláramos de un trono y ese lugar esta designado para el mediador. Pero las partes no lo saben y si al pedirles que pasen a la sala una de las partes llega a sentarse en ese sitio, tendremos ya una señal de la posición en la que va, podríamos decir que esta más empoderado que la otra parte pero al mismo tiempo no se siente muy seguro de estar de frente con la otra persona con quien tiene el conflicto y también dependiendo de cómo ellos voluntariamente se acomoden, podemos ver la proximidad de la relación entre las partes.

Comunicación no verbal. Durante el desarrollo de las audiencias, el mediador debe estar muy atento a las formas de comunicarse, como bien nos dice el axioma de la comunicación de Watzlawick que para comunicarse no hacen falta palabras y que es imposible no comunicarse. Hay que estar atentos a los movimientos, gestos, expresión facial, sonidos y no olvidar que el silencio también comunica y a veces una pausa, un silencio en determinado momento de la mediación puede ser necesaria.

Miradas. Usar la mirada a favor. El mediador deberá ser observador de las miradas de las partes en el conflicto, ya que podremos entonces saber si estas se encuentran cómodas con la conversación, o por el contrario están a punto de estallar; también la propia mirada del mediador puede ayudar a animar a continuar a quien vemos desanimado, a infundir confianza.

El mediador debe cuidar mucho su mirada, también podrá comunicarse por este medio con el co-mediador, que seguramente por la práctica del trabajo conjunto se
entenderán muchas cosas, pero hay que tener cuidado, porque puede ser que las partes mal interpreten una mirada entre los mediadores y la confianza se ponga en un hilo.

Hay que relajarse. El mediador tiene que manejar las técnicas, incluida la escucha de manera natural. Si el mediador está más preocupado por –como- lo está haciendo, entonces no podrá estar realmente escuchando a la parte que está hablando. Todo se logra con la práctica. El mediador llegará a manejar las técnicas de tal manera que son parte de su vida, son parte de su ser, de su –ser mediador- no hay líneas, ni partes, ni anuncia cuando está pasando de una técnica a la otra, solo lo hace, de manera relajada.

Quizá las personas con un problema por una cuestión de salud, en primer lugar acuden al mediador- conciliador, no por mediador, si no porque quieren que se les solucione su problema. Por lo general, no conocen de mediación.
 Quieren decir su problema y quieren una solución. ¿Qué hará el mediador primero? Lo que tiene que hacer primero es escuchar, la primera intervención del mediador no deberá de ser para explicar que es la mediación y como se harán las cosas, porque se romperá entonces sin aun haberse creado, ese vínculo apenas visible entre el mediador y la parte que solicita la mediación. A menos que una persona llegue preguntando como es el procedimiento, entonces sí.

Los mediadores también tenemos que cuidar la parte de nuestro propio desgaste emocional que ocasiona el trabajar con personas que tienen problemas, tenemos que buscar mecanismos de contención para sacar de nosotros todo lo que escuchamos y todos los problemas de los que formamos parte como facilitadores; se le llama síndrome del burnout a ese agotamiento que puede presentarse no

solo en los mediadores sino también en los psicólogos, tanatólogos y personas que se dedican a ayudar a personas con problemas. No pasa nada, nuestra formación nos ayuda a manejarlo, pero eso, hay que manejarlo.

5.3 Lo que no.

Lo que no debe ser y hacer el mediador: tener prisa, ser perfeccionista, arrogante, cerrado en las formas, intolerante, engañar, consultar su reloj o teléfono de forma continua o muy seguido, ser escéptico.

Hay que evitar a toda costa hacer mediaciones de estilo –negociador-, en mediaciones médicas y con personas en duelo (que nos sirven para otro tipo de cuestiones a mediar) porque en el estilo negociador el mediador por lo general va a alentar menos la comunicación directa entre las partes ya que estará prestando mayor interés al acuerdo al que se puede llegar, si tienen abogados las

partes, prácticamente los mediadores están tratando con ellos ya que son quienes tienen la –última palabra- para el arreglo, se delimitan los temas a tratar, es decir no los dejamos que hablen de otra cosa más que de lo que está planteado de inicio y las diferencias que hay tratamos de dejarlas de lado, no se tocan porque si no, nos van a echar el acuerdo para abajo. Los mediadores debemos usar este estilo de mediación en otra cosa, no en los casos de duelo ni en los casos de mediación por atención médica.

5.4 Lo que si.

Lo que si hará el mediador: Escuchar, entender, hacer preguntas, pedir que se repita alguna cuestión, permitir una interacción menos estructurada, más libre de acuerdo a las necesidades de las partes.

Usar un estilo –terapéutico- eso sí que lo debemos hacer en las mediaciones por inconformidades en la atención médica y con mayor razón si el familiar del paciente está pasando un duelo.

Con esto me refiero, como nos lo ha enseñado Barush Bush y Folger, que alentemos a las partes a expresar libremente sus sentimientos y sus ideas.

Pero para hacer esto, el mediador debe ser un experto en el manejo de las relaciones interpersonales.

En el cuadro siguiente tenemos las herramientas interrelacionadas con las etapas del duelo, es una lista de las herramientas que de acuerdo a mi experiencia son más útiles en cada una de las etapas. (ver gráfico 6)

El propósito de una mediación de este tipo debe ser ayudar a las partes a alcanzar el mutuo entendimiento y comprensión que se va a reflejar, quizá, en los acuerdos
colectivos que se plasmen como resultado de esa mediación.

No ver la mediación como una resolución de "problemas" sino verlos como una oportunidad de crecimiento personal y de transformación.

Cuando tenemos claro el planteamiento de la persona, entonces podemos explicarle que a través de la mediación tiene una amplia posibilidad de resolver ese conflicto. Y entonces le preguntaremos si es su deseo reunirse con el médico o con la persona con quien ha tenido la inconformidad para dialogar y llegar a un acuerdo. ¡A mediar!

REFERENCIAS.
1. Jean- Francois Six. La Dinámica de la Mediación. Página 177.

Gráfico 6.

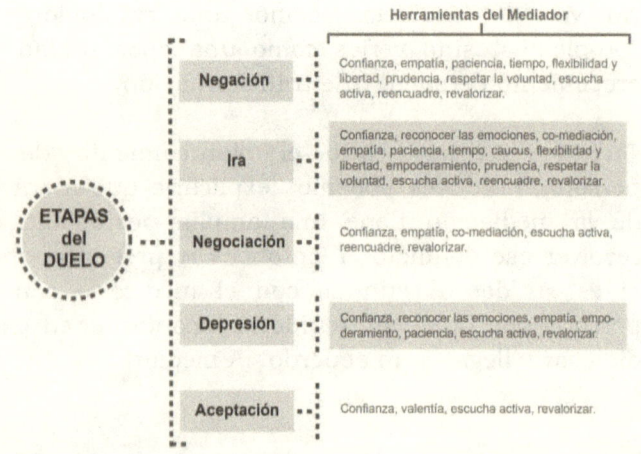

Herramientas del Mediador

Negación — Confianza, empatía, paciencia, tiempo, flexibilidad y libertad, prudencia, respetar la voluntad, escucha activa, reencuadre, revalorizar.

Ira — Confianza, reconocer las emociones, co-mediación, empatía, paciencia, tiempo, caucus, flexibilidad y libertad, empoderamiento, prudencia, respetar la voluntad, escucha activa, reencuadre, revalorizar.

Negociación — Confianza, empatía, co-mediación, escucha activa, reencuadre, revalorizar.

Depresión — Confianza, reconocer las emociones, empatía, empoderamiento, paciencia, escucha activa, revalorizar.

Aceptación — Confianza, valentía, escucha activa, revalorizar.

ETAPAS del DUELO

CAPÍTULO 6. EL PERDÓN

¿Por qué hablar del perdón si estamos hablando de mediación? ¿Qué es el perdón? Aquí pongo algunas de las acepciones de esta importante palabra:

Significa conversión, viene del griego "metanoia"= cambio de mente; purificación interior.

Cesar de sentir resentimiento contra alguien que me ha injuriado.

Olvidar los reclamos de que un ofensor haga una retribución o no ejercer la penalidad.

Convertir una injusticia en una relación de amor para con otros. (1)

"¿Queréis ser felices un instante? Vengaos
¿Queréis ser felices siempre? Perdonad
Henri Lacordaire

Como lo menciona Emma Barbosa Ochoa en su libro Las cosas nuestras de cada día II: "El perdón es lo más grande de la vida. El que no sabe perdonar no sabe vivir. El que no sabe perdonar no sabe amar."

6.1 Una herida.

Cuando nos sentimos heridos, porque pensamos que el médico no ha actuado de forma correcta, o que no le dio el tratamiento que pudiera haber salvado la vida a nuestro familiar, estaremos sufriendo, estaremos recordando lo más doloroso, pensando que la culpa es del médico y no nos daremos la oportunidad de cerrar nuestro duelo, de vivir las etapas y al final terminar con ese duelo, con ese dolor. Si seguimos sintiendo un odio hacia el médico, estaremos reviviendo y reafirmando ese pasado, ese acto del pasado que no podemos cambiar.

Si perdonamos ese acto y por ende a quien lo realizó, que en este caso sería el médico o algún otro personal de salud, estaremos liberando eso que fue una ofensa para nosotros y el beneficio directo se verá reflejado en quien perdona, en uno mismo.

6.2 ¿Ayuda la mediación?

La mediación ayuda en este proceso del perdón, porque la persona que sufre va a reconocer ese dolor y al mismo tiempo se siente reconocido a través del mediador que empodera su sentir, no para ayudarlo a estancarse, sino para ayudarlo a avanzar.

Dentro del diálogo que se propiciará en la mediación, el familiar podrá, después de escuchar la versión y explicaciones del médico, decidir otorgar ese perdón. Es un paso que por sí mismo, dignifica el dolor que ha mantenido al familiar doliente y en ocasiones, de acuerdo también a la posición del médico, se vuelve a empatizar entre ambos.

¿Quién gana? Gana quien da ese perdón y quita un peso a su alma.
Perdonar no es dejar de darle importancia a lo que nos duele. Perdonar nos da un bienestar psicológico que dentro de la pérdida de un ser querido nos va a ser muy útil para continuar con nuestra vida.

La mediación, ayudará a las partes a reconocer que la reconciliación con el oponente, en este caso un médico, es parte de un proceso curativo.

Esto no quiere decir que sea necesario que se deba llegar a un acuerdo o a un convenio en la mediación, quizá el familiar, en su interior realmente perdone el actuar médico que consideró una inconformidad y que lo llevó hacia la mediación, pero las circunstancias no son las adecuadas para establecer un convenio.

6.3 El perdonar.

En la Carta a los Efesios 4,32 San Pablo menciona: "Más bien sean buenos y comprensivos unos con otros, perdonándose mutuamente, como Dios los perdonó en
 Cristo." Y en la Carta a los Colosenses 3,13: "Sopórtense y perdónense unos a otros si uno tiene motivo de queja contra otro. Como el Señor los perdonó, a su vez hagan ustedes lo mismo."

En una entrevista hecha por Zenit (2) a Robert Enright, destacamos estas frases: "Perdonar es reducir el resentimiento y aumentar la benevolencia y el amor hacia alguien que ha sido injusto... Más allá del perdón emocional, está la difícil tarea de «soportar el dolor» de lo que ha sucedido. Quien perdona no puede hacer que el reloj vuelva atrás y deshacer el daño, pero puede tomar la valiente decisión de aceptar el dolor y ser un instrumento de bien..."

Al perdonar, el familiar tendrá más sentimientos positivos que negativos, por lo tanto verá en su vida un aumento de esperanza dentro de ese duelo que está viviendo, reduciendo también en gran medida el riesgo de sufrir una depresión.

"Debemos perdonar siempre, recordando que nosotros mismos hemos necesitado el perdón. Tenemos necesidad de ser perdonados mucho más a menudo que de perdonar." San Juan Pablo II.

El perdón es para todo tipo de relaciones, serán cuestiones más delicadas cuando se trata de relaciones personales como la familia, la pareja, amigos; el perdón en cuestión de este tema que es con quien ha atendido a nuestro familiar que murió, tiene matices especiales: si bien no están inmersos en esta relación recuerdos, nostalgia e hilos de unión, si los hay con quien se fue y debemos explorar si esa inconformidad con el médico y ese perdón que estamos pensando en manejar, también quizá vaya dentro de eso todo un cúmulo de cuestiones, experiencias, memorias y hechos que debamos perdonar y perdonarnos de nuestra propia relación con nuestro familiar que se fue.

Espero que de estas palabras generales sobre el perdón, sirva para reflexionar, dividir y separar lo que tenemos que perdonar. Así estaremos seguros que avanzamos y que nuestra alma se limpia para continuar nuestro camino.

6.4 ¿Cómo perdonar?

La empatía juega un papel muy importante a la hora de perdonar. Significa comprender, tener consideración del punto de vista del otro. Ponerse un poco en los zapatos del otro. Quizá así sea más fácil lograr ese perdón.

Sentir ese dolor tan grande por la pérdida de un ser querido, puede ser restaurador para nuestra vida si lo tomamos con la dignidad de ofrecerlo y sacar lo mejor para continuar con nuestro camino.

Vale la pena perdonar, ser libre, el pasado cada vez quedará más atrás y no podemos dejar de vivir el hoy que es lo único que en realidad tenemos, hay que dejar de fugarnos a la nostalgia de lo que fue ayer.

Podemos estar creyendo que el perdón lo debe otorgar solo el familiar o el paciente hacia la conducta, el actuar o la persona del médico, pero no es así, también se invita al médico a que haga un ejercicio de perdón hacia el familiar que lo invitó a mediar, porque esa invitación significa una inconformidad con su trabajo y quizá el médico se puede sentir herido en su orgullo porque él ha sido muy dedicado en su labor, quizá también deba perdonar al familiar o al paciente porque se ha exaltado y lo ha ofendido ahí mismo en la audiencia, o porque ha comentado con algunas otras personas que él no es un buen profesional de la salud y ha tenido repercusiones en su trabajo.

Hay muchas razones por las cuales también el médico puede pensar acerca de perdonar. No es exclusivo del paciente.

Si ambas partes dieran un paso adelante en cuestión del perdón y se dejan guiar además por el mediador, seguramente ese conflicto será solucionado.

Otra razón para perdonar la encontramos en las mismas palabras que Jesús dijo a sus discípulos: "No juzguen y no serán juzgados; no condenen y no serán condenados; perdonen y serán perdonados." Lucas 6, 37.

Ese sentimiento o ese conjunto de sentimientos que tienes y que no te dejan avanzar para perdonar, no los puedes elegir, solo los sientes, pero lo que si puedes elegir es qué vas a hacer al respecto y tomar tu responsabilidad.

REFERENCIAS.
1.Pereira Dos Santos y Rique, J., *"Qual a relação entre a Justiça e o perdão"* (Trabajo presentado en el XXIV Congreso Interamericano de Psicología, Santiago de Chile, 1993).
2. https://es.zenit.org/?s=Robert+Enright

CAPÍTULO 7. EJEMPLOS DE MEDIACIONES

Llevar a cabo una mediación entre un prestador de servicios de salud y una persona que en su momento fue el paciente del primero, es muy interesante. La especialidad médica de que se trate tendrá especial importancia en el desarrollo de la mediación.

Lo será porque no es lo mismo cuando se solicita una atención médica por gusto, como es el caso de cuestiones estéticas, a cuando lo hacemos porque de eso depende que sigamos viviendo siquiera un día más.

Por ejemplo, tenemos que una paciente de un cirujano plástico, se presente a solicitar los servicios de mediación muy molesta, segura de que el cirujano plástico no ha realizado bien su trabajo y la ha dañado puesto que esos resultados son en absoluto visibles al paciente frente al espejo y frente a los demás.

7.1 Con el cirujano plástico.

Lo primero que dirá una paciente inconforme con su cirujano plástico es que ella acudió con ese médico porque se lo recomendaron, porque su comadre si había quedado muy bien y ella confió.

Pero después de cómo la dejaron, está segura que ya se rompió esa confianza y... "mire usted ahora como he quedado, cree que es justo que esta cicatriz este tan gruesa y mis bubis estén una más grande y más arriba que la otra, apoco no querría usted también demandar a ese medicucho"...

Con el uso de las técnicas y habilidades aprendidas y la propia experiencia, el mediador, después de haber calibrado, hecho el correspondiente rapport y escuchado a la señora que se ve tan fea frente ante el espejo (a si misma se ve así, porque a simple vista al mediador y a la recepcionista le parece una mujer guapa), empleará el parafraseo para comentarle: "Señora, estoy entendiendo que usted está molesta porque acudió con el cirujano plástico para que le operaran la frente y el busto y usted no ha quedado conforme con el resultado, ¿es así?".

Cuando es el momento oportuno y las partes se encuentran listas para una audiencia conjunta, se llevará a cabo y se les ayudará a las partes a que en el diálogo encuentre el paciente respuesta a sus preguntas y dudas.

Dependiendo de lo que el médico tenga que decir, quizá llegar a un acuerdo que por lo regular en estos casos será que el médico se compromete a realizar una nueva cirugía sin costo, o solo cobrando los costos de hospitalización pero no sus honorarios y al mismo tiempo la paciente se compromete a acudir a sus citas de revisión posteriores y avisarle al médico cualquier cambio que note en su evolución.

En este tipo de mediación, no fue tan difícil que las partes llegaran a un acuerdo, ya que al final el interés de la paciente era quedar mejor y el médico le ofrece una nueva intervención.

7.2 Otro caso.

En otro caso tenemos una persona que dice querer tener unas sesión de mediación con el médico que atendió a su esposo, aludiendo que tiene dudas en lo que le hicieron, sin embargo, al iniciar la audiencia conjunta ella manifiesta que lo único que le interesa es el dinero, el médico se molesta y comienza a hablar en un tono más fuerte, casi llegando al punto de agredir a la señora, pero la mediadora interviene y logra controlar al médico. La señora vuelve a hacer uso de la voz.

En mediación el uso de las técnicas, dependerá del caso en concreto, no puede el mediador querer tener preparado un guion con los momentos en los que intervendrá con determinada técnica ya que las partes en el conflicto serán quienes marquen la pauta para que el mediador intervenga y la manera en que lo pueda hacer.

Muchas veces los mediadores que llevan un asunto, al estudiar el caso y haber hablado antes en audiencias privadas con ambas partes, suponen el sentido y el rumbo que tomará la audiencia, sin embargo en la realidad, muchas veces sucede lo que no estaba ni pensado, ni planeado y a veces quizá ni siquiera se hubieran imaginado que una de las partes podría cambiar el rumbo del acuerdo en la dirección contraria.

7.3 Reacciones inesperadas.

Tal es el caso en que un paciente solicitaba de quien fue su médico en algún momento, el reembolso de los gastos que hizo con otro facultativo por no haber quedado satisfecho con los resultados de la cirugía, alegando que su hermano había ido y le había pagado la totalidad de sus honorarios al médico.

Cual fue la sorpresa para los mediadores que el médico le dice que su hermano jamás fue a pagarle nada, que de echo él tenía aún el pagaré en su poder y que la cantidad que había quedado pendiente, aún estaba así, pendiente de pago.

El paciente solicitó unos minutos a solas para hablar con la persona que lo acompañaba y al reintegrarse a la sesión, le dice al médico que tenía toda la intención de pagarle, que por favor le diera plazos para poder terminar de pagar todo lo que le debía, solicitó a los mediadores hacer el convenio con pagos mensuales por cierta cantidad durante unos cuantos meses para poder cubrir el total que se debía.

Aunque no era, la pretensión establecida, era la voluntad de las partes el giro que el acuerdo tomó, por lo que se hizo el convenio en ese sentido y mes con mes el paciente fue muy puntual de ir a pagar lo estipulado al médico.

7.4 Diálogos en la mediación.

Ahora narraré los diálogos en una audiencia conjunta de un caso que quien solicita la mediación es el hermano del fallecido.

La mediación la solicita el señor Correa y el invitado a mediar es el Dr. Medina. Cabe mencionar que previamente ya la mediadora había tenía varias audiencias individuales tanto con el señor Correa como el médico.

MEDIADORA
Buenas tardes, mi nombre es Ingrid, soy mediadora y en esta reunión estaré presente para apoyar el diálogo que de acuerdo a lo que solicita el Sr. Correa se ha invitado a participar al Dr. Medina.

Quiero hacerles una breve exposición de las normas principales del proceso de mediación cuyo propósito es establecer los puntos de vista de cada uno de ustedes y tratar de llegar a un acuerdo. Este proceso es voluntario, ambos han acudido aquí sin presiones, es decir, ha sido su voluntad llevar este asunto a la mediación y es por eso que nos encontramos aquí; en cualquier momento pueden interrumpirlo o darlo por terminado si así lo desean. Les pido que durante el proceso respondan con sinceridad y respeto a las preguntas y cuestiones que la otra parte plantee.

Se busca con la mediación, auxiliarlos para que puedan alcanzar una solución satisfactoria para ambos. Es un espacio de total confidencialidad y privado, por lo que pueden expresarse con total libertad, yo como mediadora me comprometo a respetar también esta confidencialidad. Si en el desarrollo de la mediación necesitan consultar alguna cuestión, con toda confianza pueden pedir unos minutos y salir a hacer alguna llamada. Les pido que respeten el turno de uso de la voz de cada uno y que pongan sus celulares en silencio para evitar distracciones. ¿Están de acuerdo en continuar bajo este esquema esta reunión?

SR. CORREA
Si, estoy de acuerdo.

DR. MEDINA
Si, esta bien.

MEDIADORA
Señor Correa, ¿desea comenzar a plantear la cuestión que lo trajo a esta instancia buscando el diálogo con el Dr. Medina?

SR. CORREA
Si, muchas gracias. Doctor Medina, estoy muy enojado con usted porque por su culpa mi hermano murió.
El estaba bajo su cuidado y usted no hizo lo necesario para que el saliera adelante, ¡lo tenía descuidado!, cuando no quería comer usted no hacía nada para que él se nutriera, ¡usted lo abandonó!, no le hizo el tratamiento que el necesitaba y ¡por eso murió!

MEDIADORA
Señor Correa, entiendo que usted le esta comentando al Dr. Medina que usted está muy molesto con él, que usted tiene dudas sobre el tratamiento y sobre los cuidados de su hermano en sus últimos días ¿es así?

SR. CORREA
Si, el Dr. Medina nunca quiso explicarme que es lo que estaba pasando y yo veía que mi hermano no comía y entraban las enfermeras y solo le retiraban los platos y cuando el Dr. Medina iba ni siquiera

preguntaba si estaba comiendo bien, no le importaba lo que mi hermano estaba sufriendo. Sólo les preocupaba ver las máquinas, no se detenían a ver las expresiones de mi hermano, a preguntarle si necesitaba algo, a interesarse por él.

Doctor, quiero que me diga ¡porque no hizo todo lo posible para poder salvar a mi hermano!, el no se debía de haber muerto, pero usted no le hizo el tratamiento adecuado para poder salvarlo y encima de todo eso, ni usted ni ningún otro médico querían firmar el certificado de defunción de mi hermano y la entrega del cuerpo la demoraron muchísimo. No tienen idea ustedes los médicos de cuanto sufría yo por la muerte de mi hermano y encima tener que estar esperando tanto tiempo por esos trámites.

DR. MEDINA
Señor Correa, me parece que usted no estaba al tanto de la enfermedad que tenía su hermano, era algo incurable, no puede decir que yo tengo la culpa de que el haya muerto...

SR. CORREA
¡Claro que si, usted podría haber hecho algún tratamiento para que mi hermano se aliviara...!

MEDIADORA
Les recuerdo que deben respetar el turno para hablar. Entiendo Señor Correa que usted se sintió muy triste cuando su hermano murió y hubiera querido que los trámites fueran más ágiles para poder llevarse el cuerpo de su hermano. ¿Está de acuerdo en que el Dr. Medina continúe con su explicación? ¿O preferiría que platicáramos por separado unos momentos?

SR. CORREA

Si, disculpe, que siga el Doctor hablando...

DR. MEDINA.

Desgraciadamente lo que su hermano tenía iba a llevarlo a la muerte, se lo explicamos a sus otros hermanos y no recuerdo si usted estaba o no presente ese día que les explicamos todas las complicaciones que estaba presentando. Por la cuestión de la alimentación, créame, que las enfermeras están muy bien capacitadas para tratar con este tipo de pacientes, se hacía lo posible para que comiera, no era elegible para alimentación parenteral, era parte de su proceso el que dejara de comer.

SR. CORREA

Doctor, pero usted no iba a verla muy seguido, yo lo vi si acaso en unas tres ocasiones y las enfermeras... ¡qué servicio tan malo! Se limitaban a tomarle la temperatura, la presión ahí de vez en cuando y a cambiar el suero cuando se terminaba, que por cierto teníamos que ir a avisar a la central de enfermeras y tardaban en venir a cambiárselo. Creo que no le dieron una atención integral a mi hermano en sus últimos días, hubiera deseado que fuera atendido con más calidez humana, el iba a morir pronto, pero pudieron haberlo tratado mejor.

MEDIADORA

Señor Correa, comenta usted que aun cuando su hermano tenía sus días contados, le hubiera gustado que fuera tratado más humanamente por el personal del hospital y que el médico lo visitara más.

SR. CORREA
Si, nada les hubiera costado ser más amables...

DR. MEDINA
Señor, quiero que sepa que yo hacía todas las visitas posibles a su hermano y que las enfermeras me mantenían al tanto de su evolución entre las horas que no estaba yo ahí. Veo de buena forma que usted acepta que su hermano tenía ya una enfermedad incurable y que sus
días estaban contados, créame que como médico, me hubiera gustado no tener que dar esas tristes noticias y que no me gusta ver morir a mis pacientes, yo trato de procurar salud y alivio, pero hay casos en que el tratamiento ya alcanzó sus máximos beneficios y este era el caso de su hermano.

SR. CORREA
Lo entiendo doctor, este dolor es tan grande que quisiera que usted me hubiera dicho que existía una cura para mi hermano, pero sé que eso era imposible.

MEDIADORA
Noto que está usted más tranquilo, ¿hay alguna cosa que quiera pedirle al doctor?

SR. CORREA
Quiero que este caso de mi hermano no quede nada más así.
Por favor doctor, necesita darles capacitación a las enfermeras para que traten mejor a los enfermos.

En especial a los que están tan graves y necesitan de palabras de aliento y buenos tratos, que se interesen en lo que necesitan los pacientes, si tienen dolor que les administren algo para el dolor en el momento que el paciente lo solicita, no 45 minutos después.

¿Podría usted comprometerse a que se capacitará al personal de enfermería en estos aspectos? Y que también les enseñaran técnicas de comunicación más efectivas, porque nunca contestaban nuestras preguntas y muchas veces nos dejaban con más dudas... reconozco, por los libros que he estado leyendo, que el proceso del dolor siempre lleva consigo algo de ira y ciertos tratos me hicieron que la mía estallara y tuviera esta queja que ahora dialogamos.

DR. MEDINA
Si señor Correa, me comprometo a que se dará capacitación al personal de enfermería para que den un trato mejor a los pacientes y sus familiares, así como que mejoren su comunicación, ya que estoy consciente que son el canal entre ustedes y los médicos... le haré llegar el programa de capacitación que se implemente, para que usted sepa que si se ha hecho algo al respecto y que los servicios del hospital mejorarán, por lo que respecta a mi actuar como el médico tratante quiero que no se quede con la idea de que actué mal y que tenga la seguridad de que se hizo todo lo posible. Considero que ésta ha sido una muy buena oportunidad de reconsiderar a los pacientes como seres humanos y aprender de lo bueno y malo del trato que se le da al paciente en los hospitales.

SR. CORREA
Si doctor, ya lo entendí y si le agradecería me haga llegar el programa de la capacitación que se les dé al personal del hospital.

MEDIADORA
Muy bien, si es su deseo entonces vamos a plasmar por escrito el acuerdo al que han llegado y ambos firmarán ese documento...
Les pido lean todo el acuerdo y lo firmen; con esto finaliza el proceso de mediación, enhorabuena por haberse permitido escuchar y dialogar lo cual los ha llevado a este acuerdo. Estamos a sus órdenes para cualquier duda que surja al respecto.
(Fin de la mediación.)

7.5 Mediación de la familia Videla Cotilla.

Hemos estado platicando de la situación que llevó a la familia Videla Cotilla a solicitar los servicios de mediación, vamos a ver una parte de la mediación conjunta entre Maricela, la mamá de la joven de 20 años que falleció y los médicos que la atendieron.

Obviaremos la parte introductoria que hemos detallado en la primera mediación descriptiva y haremos la dinámica de narrativa diferente en esta dura e interesante mediación.

Maricela al terminar la introducción por parte de los mediadores, tomó el uso de la voz y dirigiéndose directamente a los médicos, con una mirada dura y profunda, que dejaba ver el gran dolor que tenía en su vida, dijo: - Señores doctores, no creo que ustedes puedan entender la opresión en el pecho que yo estoy sintiendo en estos momentos que los tengo aquí enfrente.

La verdad es que lo que más deseo es maldecirlos y desearles todo el mal que pueda caer sobre ustedes.-

Una de las mediadoras tuvo que intervenir de inmediato y recordarle a Maricela que debía conducirse con respeto, -entiendo Maricela que es un momento muy difícil tener frente a ti a los médicos, pero tienes que recordar que estamos aquí para llevar un diálogo respetuoso y te invito a que continúes si te sientes en posibilidades de respetar las reglas que hemos establecido para esta reunión- dijo firme y amable la mediadora.

- Bueno, dijo un poco desolada Maricela, como ustedes ya lo saben, mi hija llegó con un fuerte dolor de estómago a su clínica, antes de ese día, si no mal recuerdo 5 días antes, la había llevado a consulta con usted doctor Macías y al día siguiente de la consulta le llamé para decirle que mi hija no mejoraba, usted me decía que teníamos que esperar más tiempo para que el medicamento le hiciera efecto, ese día que llegamos a las 3 de la mañana a su clínica ya no podía más con el dolor!

Ella solo estaba cómoda en posición fetal, pero no aguantaba mucho tiempo así, tenía que estarse moviendo, ¡estaba en un grito! Y las enfermeras de su clínica no le hacían caso, decían que le llamarían al doctor, pero pasaron 5 horas y usted nunca llegó, yo incluso le estuve marcando a su celular, pero tampoco me contestaba.

(Se hizo una pausa que todos en la sala respetamos)

Mi hija, -continuó diciendo Maricela- estaba sudando frío, lloraba del dolor. Las enfermeras la canalizaron y le pusieron un analgésico en el suero. Pero yo las escuche comentar que usted no llegaría hasta las 8 de la mañana porque no perdona su baño en el vapor de un club y que nunca llega antes de las 8 a la clínica. ¿Ni aun cuando le están avisando que tiene un paciente grave? ¡Dígame doctor! ¡Conteste!

El médico estaba muy tenso. Me volteó a ver como buscando mi aprobación para contestar.
Doctor Macías, la señora Cotilla ha comenzado a narrarnos cuál es su inconformidad, dentro de esas cuestiones, desea que el diálogo empiece con su respuesta a estas interrogantes, ¿es así señora Maricela? –dije yo validando tanto las preguntas de la mamá como la mirada del médico.

Si Licenciada, deseo que me conteste el doctor Macías, - respondió Maricela en un tono bastante más tranquilo al que había terminado su anterior intervención.

Yo volteé a ver al doctor, asintiendo con la cabeza para darle el uso de la voz. El comenzó a decir:
Señora Maricela, primero que nada, antes de darle respuesta a sus preguntas, me gustaría expresarle otra vez mi más sentido pésame por la muerte de su hija. (Silencio)

Yo estoy aquí porque quiero platicarle todo lo que sucedió, quiero contarle acerca de la enfermedad de su hija y créame que de todo corazón, para mí es muy triste la pérdida de una vida y más tratándose de una jovencita.

El día que ustedes llegaron a la clínica en la madrugada, no me avisaron sino hasta las seis y media de la mañana y me dijeron de la clínica que el médico de guardia la estaba atendiendo y que ya le habían puesto el analgésico y estaba controlada.
Su hija no estaba grave en ese momento, usted sabe que su hija tenía una enfermedad crónica y que vendría a complicarse tarde o temprano. Yo llegue mucho antes de las ocho de la mañana y no me despegue de ahí en 24 horas.

Maricela contestó: Si doctor, usted llegó y estuvo atendiendo a mi hija, es verdad, ese día fue el día que conocí al doctor (volteando a ver al otro médico) Vázquez, usted lo mandó llamar porque mi niña necesitaba una operación, también quiero decirle que se tardaron muchísimas horas en tener listos los exámenes de laboratorio.

Señora Maricela, -replicó el doctor Vázquez, los exámenes de laboratorio los mandamos a que se repitieran precisamente por la necesidad de estar seguros, su hija traía las plaquetas bajas entre otras cosas y fue por eso que se solicitaron donadores de sangre porque se iba a tener que transfundir a Maricelita.
También era necesario analizar los niveles que traía en el páncreas y por desgracia en el laboratorio no había los químicos reactivos para hacerlo, tuvimos que apoyarnos de otro laboratorio por la urgencia.

-Doctor es que ese día mi hija estaba vomitando mucho, no le quitaban el dolor los analgésicos, se le hinchó la muñeca de donde estaba canalizada y le cambiaron de mano, ¡haciéndole muchos piquetes! ¡La lastimaron mucho!

(La señora Maricela llora mucho...)

Hace uso de la voz el doctor Macías y le dice: Maricela, tu niña es verdad que la pasó mal con esos piquetes, lo siento mucho que haya sido así, lo único que te puedo decir es que las enfermeras están en constante capacitación para mejorar siempre todas esas técnicas que se utilizan con los pacientes como es el canalizarlos.

Me gustaría que recuerdes un poco que la enfermedad de Maricelita era algo grave. Hace algún tiempo le detectamos síndrome anémico, por esos resultados que salieron estuviste, estuvo ella, en valoración de hematología con un tratamiento restitutivo de hemoglobina.
Se repuso, pero su hígado estaba ya también muy afectado...

El médico estuvo un largo rato explicando a Maricela sobre la enfermedad y todo lo que habían pasado con la niña.
La señora lo escuchaba muy atenta, de vez en cuando le hacía alguna pregunta a la que alguno de los dos médicos le respondía, el cirujano incluso se levantó y dibujó en el pizarrón de la sala de mediación, explicándole acerca de los sitios que se tocaron durante la cirugía.

Maricela les comentaba que el día de la operación no le daban informes a los familiares, pasaban y pasaban y nadie se detenía a darles un reporte de cómo iba la operación. Se sentían abandonados, según lo dijo con sus propias palabras.

Cuando mi hija salió de la operación –dijo la señora, tenía una respiración rara y tos, la enfermera le llevó una botella con un popote para que soplara repetidamente, pero no mejoraba.
También le llevaron una máquina que se conecta y avienta humo, no sé como se llame y le seguían poniendo medicamentos en el suero.
Estuvo un rato despierta mi Maricelita pero después se dormía por muchas horas. Yo pensé que eso iba a ser muy bueno para su recuperación.

Déjeme decirle Maricela –comentó el doctor Vázquez, que ese aparatito es un nebulizador con un medicamento para ayudar a que se abran las vías respiratorias hacia los pulmones. Usted sabe que eso no era suficiente y por esa razón se le puso una mascarilla de oxígeno durante 2 días, con lo cual ella estaba mejor ventilada y se sentía mejor.

Entre estas cuestiones médicas que se aclaraban, transcurría la mediación, con nuestra intervención como facilitadoras de la comunicación, haciendo uso de las técnicas que íbamos requiriendo. Lo cierto es que respecto a la etapa de duelo que vivía Maricela, era clarísimo como durante el desarrollo de la sesión, así como literalmente se le abrían los ojos al comprender ciertas cosas, se le iba abriendo también su panorama general.

Por fin tocó el tema más fino, el día de la muerte de su hija. Cuando lo empezó a contar, incluso se hizo hacia adelante en su asiento, se encorvó y puso sus brazos sobre sus piernas, como queriendo contar un secreto, como sacando de su voz más íntima ese relato que tanto le dolía y quería asegurarse de que los médicos la estaban escuchando con atención.

El día martes –dijo Maricela deslizándose hacia adelante de su sillón-, me dijeron que ya estaba mejor mi hija, no recuerdo el nombre del médico que me lo dijo en una de las revisiones que le hicieron, incluso como una hora después le quitaron el oxígeno y los aparatos que tenía.
Ella estaba también muy contenta, me dijeron que más tarde o a la mañana siguiente la darían de alta.
– Narraba la señora Maricela con los ojos llenos de lágrimas. Ese día, yo me fui a bañar a mi casa, quería estar lista para cuando regresara con mi niña, estar atendiéndola. ¡Quién iba a decir que cuando regresara al hospital ya no la iba a encontrar con vida!

El doctor Vázquez, con voz moderada y pausada, expresando un total respeto a la señora Maricela y lo que en ese momento estaba sintiendo le dijo, - Maricela, entiendo muy bien ese dolor que siente usted de pensar en el momento de la muerte de su hija.
Aproximadamente unas dos horas después de que le quitaron el oxígeno y usted tendría una media hora de haberse ido, me llamó una de las enfermeras a que fuera a la habitación de Mariselita. Cuando yo entré, la jovencita estaba entrando en coma.

Le tomamos los signos vitales y vimos que iban disminuyendo. Le parecerá extraño que un médico haga eso, pero sabiendo que ya no había nada que hacer desde el punto de vista de la medicina, tomé la mano de su hija y comencé a decirle que no tuviera miedo, que si Dios estaba viniendo por ella que lo siguiera, que estábamos acompañándola y que usted no tardaría en llegar. Hicimos una oración junto a ella y estaba expirando. Estábamos ahí dos enfermeras y yo. Su hija señora Maricela, no murió sola, la acompañamos no solo como sus médicos sino como si fuera mi propia hija en esos últimos minutos de vida que tuvo.

La señora Maricela no paraba de llorar, pero su llanto no era ese llanto de desesperación y angustia que conocimos al principio en las sesiones individuales. Estaba finalmente aceptando la muerte de su hija y entendiendo que la parte que más le dolía que era el pensar que hubiera estado sola en su muerte, no había sido así y que había tenido junto a ella a esos médicos que dejaron de lado lo que ya nada se podía hacer y acompañaron a su hija en ese camino a la otra vida.

Como resultado de esta mediación, podemos observar que se dio un reconocimiento a las partes, dentro de lo que conocemos como empoderamiento, lo que dio por resultado que la mamá de la joven que murió aceptara que después de ese encuentro en mediación con los médicos, puede ver las cosas de distinta manera.
No es que haya terminado su duelo, pero si dio un gran paso.

CAPITULO 8. LLEGAR A UN ACUERDO O SALIR SATISFECHO DE LA MEDIACIÓN: SOBRE EL MODELO TRANSFORMATIVO.

"Cuando no somos capaces ya de cambiar una situación,
nos enfrentamos al reto de cambiar nosotros mismos."
Víktor Frankl.

8.1 Acuerdo.

Los acuerdos, en las mediaciones con familiares de personas que han fallecido, van desde la simple aceptación de la explicación que da el prestador del servicio médico, hasta la propuesta de reintervenciones, canalización con otros especialistas para segundas o terceras opiniones, pactos de capacitación al personal de salud, reembolsos de gastos, solicitud de gastos no contemplados, etcétera.

También he visto mediaciones en las que no se llega a un acuerdo, el familiar no acepta las explicaciones del médico y el no está dispuesto a ceder en sentido económico, de estas mediaciones, algunas han decidido irse a la vía judicial, otras hemos sabido que siguen viviendo su duelo y quizá después de un tiempo lleguen a la aceptación.

Pero hay también algunas mediaciones en las que no se llega a un acuerdo, pero la vida de los que teniendo un conflicto se acercaron a la mesa del diálogo en la mediación ha sido transformada.

Enfocando los esfuerzos a la transformación de las personas en la mediación, no quiere decir que los arreglos de los problemas planteados no tengan importancia, pero lo que si quiere decir es que transformar mediante la mediación la conciencia moral y la conducta humana es aún más importante.

¡Y cómo no va a serlo en cuanto al tema de la atención médica!

8.2 El duelo y la transformación.

Solo imaginar que el médico y su paciente en la mediación se revalorizan y se reconocen mutuamente lo que a cada uno hace fuerte, propiciando una transformación para el paciente en su modo de vida y de cuidar su salud y para el médico en su forma de tratar a sus pacientes, en sus procedimientos y en conjunto dar una mejor atención, si todo eso sucede internamente en cada uno de los participantes de la mediación, no hay mejor acuerdo que este.

Y si pensamos en las personas que viviendo un duelo se acercan a la mediación y salen de ella transformadas y dispuestas a como comúnmente decimos –echarle ganas a la vida- aun si no llegó a acuerdo plasmado en convenio, la mediación valió la pena.

Lo cierto es que siendo una etapa dura de la vida, el pasar por la pérdida de una persona querida, darse la oportunidad de dialogar con quienes atendieron medicamente a quien murió y que ese dialogo se dé dentro de un proceso de mediación, es una parte importante para transitar dentro de ese camino de duelo que un día debe terminar, porque la vida debe de seguir.

8.3 El modelo transformativo.

Robert Baruch Bush y Joseph Folger, han propuesto el modelo transformativo en la mediación, que después de conocerlo no puedo más que querer que todas mis mediaciones sean así y quiero manifestar mi gran admiración a estas dos personas que han tenido la capacidad de ver y de plasmar de manera desmenuzada que en la vida y también en la mediación "lo que importa es no solo estar mejor sino ser mejor" (1) como textualmente lo escriben.

Si bien hay quienes consideran que este modelo aplica más bien para mediaciones comunitarias o públicas y no tanto para las privadas y de una profesión en concreto, en mi experiencia he visto que en realidad ayuda mucho más que el diálogo entre el familiar y médico propicie una buena explicación y la restauración de una relación, entendiendo por esto que el familiar se queda con más paz que la que tenía antes de entrar a una mediación con el médico, aun cuando no se logre un acuerdo que legalmente se pueda plasmar en un convenio como fin de la mediación.

Es una mediación, no de números, no se trata de contar cuantos convenios con acuerdos de transacción tiene el mediador en su haber, sino más bien, de cuántas mediaciones en las que se ha aplicado este modelo transformativo han ayudado a que el duelo que vive el familiar que perdió a su ser querido durante una atención médica, pueda salir adelante y pasar las etapas de forma sana, para continuar con su vida, verá claramente un antes y un después de la mediación en su vida en general.

Como nos dice este modelo, el transformativo, cada parte asumirá su proporción de responsabilidad y así, en las mediaciones de cuestiones de salud, habrá situaciones en que el paciente, o el familiar llegue a reconocer que el seguimiento del tratamiento, la toma del medicamento cada determinadas horas y decisiones que se tomaron al margen de la opinión médica, fueron parteaguas para el resultado final y así, entonces comprenden que no toda la responsabilidad la tiene el médico y aunque su idea inicial era que el médico reconociera su responsabilidad por la muerte de su familiar, el modelo transformativo logra centrar la problemática y por lo tanto la forma de resolución, el familiar está conforme con las explicaciones que el médico le otorga y se va con paz y satisfecho.

Mucho se ha comentado acerca de que el modelo transformativo tiene mucho de terapéutico y considero que, si bien la mediación no será nunca equiparada a una terapia psicológica, por sí misma la mediación ayudará, con el simple hecho de darse la oportunidad de sentarse a platicar con quien se tiene un conflicto o una inconformidad, a que esta se pueda desvanecer.

Si el mediador usa esa herramienta de ver más allá de un acuerdo, a las personas y el dolor que llevan por la pérdida que han sufrido, definitivamente esa transformación será terapéutica.

8.4 Ir más allá de resolver conflictos.

Comentaba en el capítulo de herramientas del mediador que no hay que ver a la mediación como una forma de resolver "problemas" sino ir más allá, verlos como una oportunidad de crecimiento personal y de transformación, tener un desarrollo moral pleno.

No se trata de simplemente transformar un problema, se trata de transformar a las personas que están teniendo parte en la mediación. Lograr que las partes en la mediación pasen de ser seres temerosos, defensivos y egoístas a ser considerados, confiados y sensibles y por lo tanto, no solo se estará transformando a los mediables, sino que se estará transformando a la sociedad.

Puede que sea muy soñador, pero si nos ponemos a pensar que en verdad salen las personas transformadas de una mediación y ellas iluminan de alguna manera la vida de quienes les rodean, de a poco se va irradiando con todos los participantes de las mediaciones esa luz que puede transformar a la sociedad entera.
Para lograrlo el mediador debe trabajar en ello, no es cuestión de suerte, se debe de plantear como propósito de la mediación, diseñar y llevar a cabo el plan con ese objetivo bien claro.

8.5 Lo que las personas solicitan en la mediación.

A continuación enumero un pequeño ejemplo de lo

que manifiestan los familiares como petición para el médico cuando solicitan la mediación:

-"Al llegar al hospital donde se supone que habían atendido a mi papá preguntamos por él a la trabajadora social, quien después de 45 minutos de espera, salió a preguntarnos con bastante falta de ética y tacto ¿ya fueron a la morgue?"

-"Quiero una explicación de si existió falla grave en el diagnóstico inicial, al negarse el personal a la realización de los estudios indispensables para identificar su padecimiento, omisión que trajo consigo la muerte de mi madre."

-"Que me den una explicación de porque no la estabilizaron o en su caso la trasladaron a una unidad hospitalaria de más alto nivel si no estaba en condiciones de que saliera por su pie, si era posible que estuviera afectada por un problema cardiaco y sin haberse dado oportunidad de dar un diagnóstico oportuno que evitara su muerte."

-"Quiero una explicación clara y veraz toda vez que el personal me daba versiones diferentes y las personas que me atendieron con falta de ética y tacto, tratando de confundirme aportando información inadecuada o negándome la información que solicité."

-"Que se me otorgue una explicación por parte del doctor del porque el resultado de la operación no fue lo que él nos había prometido".

-"Que el hospital y el doctor me reembolsen la cantidad de $100,000.00 cien mil pesos, que tuve que erogar por la atención que se le dio a mi hija por la tercera cirugía y la atención en terapia intensiva, derivadas de la complicación ocasionada en las primeras cirugías y que no hubieran sido necesarias si todo hubiera salido como lo prometieron".

-"Que se me otorgue una indemnización por todos los daños ocasionados".

-"Que me explique cómo es que murió, si usted (médico) nos dijo que no había ningún riesgo y que usted en su clínica tenía todo lo necesario para la operación".

-"Quiero saber porque no le dio seguimiento después de la operación y solamente mandaba a alguien a que lo revisara, pero no lo volvimos a ver a usted".

-"Explíqueme porque el personal del servicio de enfermería trató a mi familiar de forma inhumana y poco profesional durante su estancia".

-"Quiero una explicación de porque se tardaron tanto en hacer el traslado de mi hermana a un hospital de mayor especialidad ya que de haberlo hecho de forma oportuna, podían haber aumentado las expectativas de vida".

En la mayoría de los casos, si vemos más allá de las palabras, los familiares quieren que se repare esa falta de comunicación, esa falta de tacto que no se tuvo con ellos, ni con su enfermo, cuando estaban siendo atendidos en una unidad médica.

Todos estos ejemplos nos dan la clave para constatar que "transformar" la solución de esa inconformidad, humanizándola y personalizándola, darán respuesta a sus dudas y reclamos.

Dentro de la mediación, en la oportunidad que el médico tiene para hablar con el familiar de su paciente, puede, si pone su voluntad para hacerlo así, responder cada una de las preguntas que se le formulan, pero no desde el ego, no desde la seguridad de haber hecho todo bien, sino desde el profundo –ser- humano que le habla a otro igual.
Ponerse un poco de ese lado y si es necesario expresar una frase como "lamento mucho su pérdida" será uno de los escalones más grandes que puedan subirse para avanzar en este proceso. El familiar no necesita escuchar al científico hablando, el familiar lo que necesita es que se le comprenda desde su dolor, que se le diga sinceramente lo que pasó con ese tratamiento o intervención, sin mentiras, pero si más cálido, no como se lo dirían, o como quizá ya se lo dijeron en un frío pasillo de hospital.

La mediación es un proceso tan noble y maravilloso que permite no solo que las partes lleguen a un acuerdo económico, a un acuerdo de acciones, sino que hasta cierto punto y dependiendo del caso a tratar, del conflicto, sanen su interior o al menos una parte para sentirse aliviados y serenos. Se alcanza el éxito cuando las personas que han acudido a una mediación y esta ha sido transformadora, cambian para mejorar porque la mediación así lo ha propiciado.

REFERENCIAS.

1. Página 61. La promesa de mediación. R.A. Baruch Bush, J.P. Folger. Editorial Granica

CAPÍTULO 9. LOS MÉDICOS OPINAN. ENTREVISTAS CON MÉDICOS.

"El médico que no entiende de almas,
no entenderá cuerpos"
José Narosky

En diversas entrevistas con médicos de diferentes especialidades, diferentes edades y áreas de atención, así como de instituciones públicas como de la práctica privada, me han platicado lo que su experiencia les ha dado relacionado con dar diagnósticos de enfermedades terminales o tratar con familiares de pacientes que fallecieron.

Es muy interesante escuchar sus respuestas, ya que varía mucho si están atendiendo en el sector público o en el privado en cuanto al tiempo que le pueden dedicar a las explicaciones, pero en lo que no veo mucha diferencia es en la calidad humana de la mayoría de los médicos al tratar con sus pacientes o los familiares estos temas tan delicados.
A continuación pondré las preguntas que les hice, en algunas respuestas he resumido lo que los médicos comentaban y en otras lo pongo tal cual ellos contestaron. Me encantaría transcribir completas cada una de las entrevistas pero he tenido que hacer una selección de algunas de las respuestas más significativas. Algunas de las especialidades que se han entrevistado son: Medicina Interna, Cirugía General, Gastroenterología, Medicina General, Ginecología y Obstetricia, Medicina Legal, Terapia Intensiva, Geriatría, Cardiología, Urgencias.

P-¿Acuden tus pacientes acompañados o solos a tu consulta?

R= La gran mayoría de pacientes en edad adulta acuden acompañados a consulta médica. Siempre van acompañados niños y adultos mayores. En algunas instituciones está prohibido ir solos. Los pacientes en terapia intensiva, tomamos en cuenta que están solos ahí dentro.

P-Cuando acuden acompañados, ¿a quién te diriges cuando explicas algo?

R= La mayor parte de los médicos han comentado que se dirigen al paciente, reforzando la información con el acompañante. Inclusive cuando son niños pero que ya pueden entender algunas cuestiones se dirigen a ellos primero, dándoles su lugar y haciéndolos partícipes e involucrándolos de su atención médica, incluyendo complicaciones y riesgos. Principalmente al paciente, pero si sufre de demencia severa, al acompañante.

P-¿Respondes a todas las preguntas y dudas que te hacen tus pacientes (o sus familiares) durante la consulta?

R= Todos los médicos han dicho que si responden a todas las preguntas y dudas que hace el paciente. Pero los que trabajan en instituciones públicas de salud, también han dicho que se les pide que sean muy breves por la cantidad de pacientes que se tiene esperando la consulta.

P-¿Cómo es tu atención personal a tus pacientes? A) Me enfoco únicamente en lo médico. B) explico la parte médica y pregunto si tienen dudas. C) explico la parte médica y hablo con el paciente sobre su situación particular. D) explico la parte médica, entablo un diálogo con el paciente sobre su situación médica y su vida personal.

R= Han sido muy sinceros en responder esta pregunta que depende de la situación y el trabajo que tienen. Únicamente algunos médicos que trabajan en hospitales públicos responden la opción A.

P-En una escala del 1 al 10, siendo el 10 "ampliamente y resolviendo cada duda y pregunta que tienen" y el 1 es "no explico nada"; ¿Cómo calificas el tiempo de calidad de las explicaciones sobre un diagnóstico a tus pacientes?

R=8
R= 9
R=10
R= creo que con un 8 aunque me gustaría poner 9 pero cuando trabajas en una institución que tristemente te exige un numero y unas estadísticas es muy difícil dedicarles tiempo de calidad. Yo me saque grandes regaños por tardar demasiado en mis consultas y muchas veces los pacientes al salir después de estar un ratito escuchándolos salían sintiéndose mejor.

R= 9-10, tratando de resolver siempre la mayoría de las dudas, imagino que no siempre es posible en mi caso particular mi consulta se enfoca a poblaciones de comunidades y gente de clase obrera las dudas son básicas y no encuentro gran dificultad para contestarles es conocimiento básico que me agrada transmitir, a mi no me cuesta y en ellos saber eso "extra" puede ser la diferencia de optar por una mejor calidad de vida.

R=10

R=9

R= 8, la sobrecarga de trabajo a veces limita el tiempo que puedo dedicar a cada paciente.

R=9 a 10

R=10

R=8

R=10

P-Explica con tus palabras como le das a tus pacientes la noticia de un diagnóstico grave, incluyendo cuando después incluso de un tratamiento este no ha funcionado y tu paciente está en etapa terminal. (Si no te ha tocado o por tu especialidad no das ese tipo de noticias, cuenta cómo crees que lo harías en un caso así).

R= Primero siempre procuro que mi paciente este acompañado y de acuerdo a la percepción que tenga del paciente valoro si es conveniente primero hablar con el familiar antes de darle la noticia directamente al paciente.

Trato de dar la noticia paulatinamente hablando de los antecedentes y la evolución de la misma y de los tratamientos y siempre que hay alguna esperanza tratando de agotar hasta la última instancia, si no la hay, doy la noticia sensibilizando al paciente a fin de que haga un plan de los últimos momentos de su vida.

R= Hablo con el paciente en presencia de familiares, les hago un breve resumen de lo que ellos ya saben que ha estado pasando, del diagnóstico y los tratamientos que ha recibido y les digo que la situación de salud es grave y que incluso ya no hay nada que hacer medicamente.

R= Le explico estadísticamente cuantas personas se mueren con este diagnóstico, la gravedad y el pronóstico, siempre imponiendo que finalmente si Dios quiere le va a ir bien, ya que si le dices que le va a ir mal entonces para que lo estás atendiendo...

R=En mi caso en particular trato de abordarlo de manera directa con el paciente con mucho tacto y con las palabras adecuadas tratando de resolver todas sus dudas, tratando de dar la mejor información posible sin falsas expectativas.
R=No hay receta universal, primero trato de hacer una evaluación mediante familiograma red de apoyo, (si da tiempo de realizarse) y también la edad, para un paciente de 17 años diagnosticar y mencionarle que es portador de una enfermedad terminal, incurable y mortal; es más difícil que a un paciente de 97 años. Y claro las expectativas personales y familiares

R=Explico de la manera más clara posible la situación, siempre dejando claro cuando el pronóstico es malo y/o el tratamiento no esté funcionando, intento ser empática y suave con las palabras que uso, sin que ello enmascare la situación real de mi paciente. Intento siempre dar el peor panorama que puede ocurrir en el paciente; en general intento usar cifras descritas de mortalidad, respuesta al tratamiento, etc.

R=Dar una mala noticia a un paciente es lo más difícil. Lo hice teniendo en cuenta la caridad humana antes que nada y tratando de hacerlo lo más sencillo, sin engaños pero cuidando mucho mis palabras y mi ética profesional

R=Primero que nada me presento, comienzo a explicar lo que se ha hecho o se hizo por el paciente, en mi caso que trabajo en urgencias explico la situación desde el momento en que llego, las condiciones en que lo recibí, la manera en que se trató y los procedimientos que se usaron para salvarle la vida y el desenlace final, ya sea por el éxito, la estabilización o la defunción del paciente.
R=Se les da a los familiares inicialmente en un lugar donde nos podamos sentar lejos del paciente y que no interrumpan, en mi caso solicito apoyo a Tanatología o Paidopsiquiatria.

R=Primero hay que preguntarle al paciente hasta donde sabe o que tanto conoce de su padecimiento posteriormente pues hablando de frente sin bajar la mirada pero con cierta empatía se le dice tal cual es la noticia o diagnóstico aunque sea grave.

Procuro hablar lento para que entienda todo y no tropezar en mis palabras. Simplemente se le comenta como está la situación o el resultado de sus laboratorios tal cual. Es bueno dejar de hablar y un poco de silencio en lo que lo asimila ya luego continuar preguntarle si me entendió o si tiene dudas.

R= Don Fulano, la enfermedad es grave, no ha respondido al tratamiento pero seguiremos haciendo la lucha. A la familia la junto sin la presencia del paciente y les explico el pronóstico con toda claridad y las estadísticas que apoyan ese pronóstico.

R=Me ha tocado en muchas ocasiones dar diagnósticos fatales, trato de explicar incluso con esquemas, la enfermedad. Habitualmente he tenido éxito en casos terminales en cuanto a explicar la patología tratando de ser amables y ponerme un poco en el lugar de ellos.

R= Normalmente cuando he tenido casos así primero se lo informo al familiar y el o ellos deciden si le informamos al paciente.

R= Trato de explicarlo basado en incidencia o factores de riesgo, así como en efectos secundarios es decir (medicina basada en evidencia.)

P-Cuando un paciente ha muerto ¿Cómo has dado a sus familiares la noticia?

R=Primero dedico toda mi atención al paciente en el último momento de su vida manteniendo informados siempre a los familiares del proceso, sensibilizándolos de la gravedad, de que se está haciendo todo lo humanamente posible hasta que llega el momento del fallecimiento. De esta forma se reduce el impacto de tan lamentable noticia.

R= Si la muerte es súbita y en cierto modo inesperada hay que ser muy cauto, aviso que está mal y veo la respuesta de los familiares. Entonces espero un poco y vuelvo poco después a dar la noticia. Si el enfermo ya es crónico y la muerte ya era probable o esperada, que aceptarán la noticia con mayor facilidad. En todo caso hay que estar tranquilo, proyectar algo de compasión por lo que sucede.

R=De forma calmada, en un lugar privado les explico que se ha hecho todo lo posible pero que su familiar ya no pudo continuar con vida, que ha muerto.

R=Generalmente cuando se prevé que un paciente va a morir previamente informo a los familiares la situación que se avecina. Al dar una noticia de fallecimiento lo hago con empatía y tacto, explicando la situación que lo llevó a la muerte.

R=Siempre uso la palabra falleció o murió por que en esas situaciones hay que ser explicito, ya que la tristeza o el estrés de los familiares no les permite comprender muchas veces la gravedad de la situación. Previamente explico todo lo que se hizo por salvarle la vida al paciente

R=Pues diciendo la verdad.

R= Junto a la familia y les explico que a pesar de todos los esfuerzos el paciente falleció.

R=Trato de ser cauteloso y con mucho tacto, las expresiones más dolorosas que he enfrentado como profesional es dar la mala noticia a alguien que su familiar está muerto y máxime cuando este tenía que ser reconocido al encontrarse como no identificado, es discordante que las más grandes muestras de dolor humano que he visto así como de cariño o amor hacia las personas las observo en este tipo de situaciones que todos enfrentamos o algún día enfrentaremos.

R= No hay receta de universal, por lo general es un evento que es esperado en terapia intensiva y en pacientes geriátricos y se les informa que a pesar de las acciones humana e institucionalmente, el paciente terminó.

R= A veces no me ha sido posible hablar con antelación con los familiares y solo les comento del fallecimiento de su familiar. Y si es posible trato de realizar intervenciones tanatológicas.

R=En forma tranquila, habitualmente en esos casos ha habido una enfermedad previa que puede desencadenar esa noticia, así que por lo general, los familiares ya están preparados a esa eventualidad.

R= Por lo general el paciente que muere es un paciente que ya tiene un padecimiento crónico y durante el proceso de tratamiento vamos informando al familiar de la evolución lo vamos preparando psicológicamente.
El problema mayor es cuando es un caso agudo se presenta el deceso, es una parte muy difícil le explico que hicimos todo lo posible pero el daño orgánico era demasiado.

P-¿Cómo ha sido el primer encuentro con los familiares después del fallecimiento?

R= Generalmente me ha tocado (en el hospital) confirmar la muerte tomando un electrocardiograma al cadáver pero los residentes informaban a los familiares a mi me tocaba después llevarlos a trabajo social para iniciar los trámites correspondientes. Es importante mostrarse empático y prudente con los familiares sin llegar a establecer contacto físico como abrazarlos si lloraban y así. Nunca jamás llorar frente a ellos.

R=Es triste, pero hay que hacerles saber que estas ahí para resolver sus dudas y empatizar hasta donde se pueda con ellos, ser un apoyo.

R= Depende del tipo de paciente pero hay de todo. Desde algunos familiares resignados, pasando por aquellos que muestran sorpresa por lo acaecido hasta otros inconformes con la muerte, pero en general me ha tocado que comprenden lo que se les explica. En estratos económicos altos, a veces vemos que pareciera que nadie debe morir y exigen que la medicina tenga una respuesta para todos los problemas.

R=He visto de todo, hay familias que no lo aceptan tan fácilmente y recriminan al personal del hospital, otras agradecen que se hizo todo lo posible. Depende de muchos factores.

R= Me ha tocado ver que los familiares amenazan de muerte al médico. Es muy fuerte.

R=Depende de la situación de cada paciente. Es particularmente difícil en pacientes jóvenes, quienes no padecían alguna enfermedad terminal; en general en quienes la noticia cae de sorpresa.

R= Es un momento muy incomodo para todos sin embargo en la mayoría de los casos lo asimilan sin conflicto.

R= La mayoría de las veces ya era un evento esperado, solo se les confirma el fallecimiento, considero que doloroso, pero con aceptación del fallecimiento.

R= Habitualmente acuden al consultorio a darme las gracias.

R=Muy amable y con gratitud ante mi lucha por sacar adelante al paciente.

R=No he tenido ningún conflicto.

R= Generalmente hay negación por parte de los familiares.

P-¿En alguna ocasión has sentido que podrías haber explicado mejor el diagnóstico y/o tratamiento con un paciente grave o en etapa terminal?

R= No
R=Creo que siempre piensa uno que lo podría haber dicho mejor, aunque lo expliques de la mejor manera posible, te da vueltas y vueltas en la cabeza mucho tiempo.
R=Generalmente trato de ser lo más clara posible.

R=Creo que no.

R=Conforme ha pasado el tiempo y se adquiere experiencia no.

R=No.

R=Creo que no.

R=Si

R=No

R= Sí. Aunque en una muerte aguda no es posible.

R=Si.

R=Creo que no.

R=Si, en algunas ocasiones pienso que pude haberlo hecho mejor.

R= No ya creo que he sido siempre muy claro y transparente y siempre he tenido informados a paciente y familiares de la evolución de la enfermedad así como su pronóstico.

R= La mayoría de las veces.

P-¿Qué recomendación darías a un joven médico que por primera vez dará a un paciente un diagnóstico de enfermedad terminal?

R= Que platique primero con la familia y se informe de cuanto quieren que el paciente sepa la realidad cruda. Aunque con el paciente nunca hay que ser crudo y sobre todo, no debe quitársele toda esperanza.

R=Usar las palabras tal cual son aunque suenen crudas.

R=Que se ponga en los zapatos de los padres, utilice lenguaje sencillo, ponga ejemplos para que sea sencillo explicar.

R=Yo le aconsejaría a un joven médico que nunca pierda su caridad humana ya que aunque debe uno ser duro ante el dolor, nunca ser severos y fríos con esos temas. Unas palabras cálidas y con amabilidad siempre lo van a recordar porque eso sí es seguro el momento en que se los dices y como lo dices ¡jamás se olvida!

R=Debe ser muy humano, ponerse en sus zapatos, no dar esperanza si no la hay pero siempre enfatizar que estamos ahí para ayudarlo, para llevar con dignidad su enfermedad y que se hará todo lo que esté en nuestras manos por él.

R= Ser sumamente claros en las explicaciones, sin utilizar demasiados términos médicos, preguntar dudas. Siempre aclarar el deseo de los familiares y el paciente de realizar maniobras invasivas (RCP, intubación, etc...) en caso necesario. No dejar de mostrar empatía.

R= Que establezca una relación médico-paciente-familiares cordial y de confianza sin dedicarse exclusivamente al aspecto médico.

R= Comprender el aspecto humano y no solo técnico de esta profesión y el hecho de que solemos como personas (especialmente en este país) no estar preparados para la muerte. Muchas veces se oculta el tema como algo de lo que no se deba hablar y ni siquiera pensar. Hay que estudiar tanatología.

R=Que jamás pierdan humildad, que traten a los pacientes, como les gustaría que fueran tratados sus seres más queridos, que recuerden que tratamos a personas y no enfermedades, que cultiven siempre el adecuado trato y con respeto, es un medio que ofrece muchas tentaciones y distractores hablando de todos los ámbitos, que reflejen sus acciones con las establecidas en lo que marca el Juramento Hipocrático.

R= Evaluar al tipo de familiar que se encuentra, hablar "siempre" con la verdad.

R=Ante todo seguridad en él mismo, sobre todo si sabe que la terapéutica fue la indicada y no había más que hacer.

R=Que siempre tenga presente que no es un número más, los pacientes tienen familia y vida que quieren seguir viviendo y si murió hay que ser muy sensibles con los familiares, sería muy bueno que los médicos tengamos más conocimientos de tanatología, los jóvenes lo pueden hacer.

R= Lo primero que le recomendaría que cuide la relación medico paciente, que siempre tenga bien informado a su paciente y a los familiares de el diagnostico, tratamiento y pronostico del padecimiento, paciente y familiares bien informado difícilmente se quejaran.
R= Tener mucha sensibilidad con los familiares.

P-¿Acudirías a una mediación en donde los familiares de un paciente que falleció quieren explicaciones sobre el tratamiento y quizá estén pidiendo una indemnización por la muerte de su familiar? ¿Por qué?

R= Si acudiría por ser una obligación profesional y moral.

R= Si, tienen el derecho de que sus dudas sean resueltas.

R= Si, por que cuando estás seguro de que realizaste bien tu trabajo, atendiste con respeto al paciente y a familiares no hay por qué negarse, el sufrimiento y la mala información por terceros hacia familiares hay veces que son los que llevan a los mismos a esas instancias.

R= No, la mayor parte ya se les explico ampliamente y no buscan quien se las hizo sino quien se las pague.

R= No estoy segura como funciona eso pero si es para aclararles sus dudas pues si pero prefiero aclararlas al momento y en un ambiente médico.

R=En una guerra nunca hay ganadores, de alguna u otra manera todos perdemos, tenemos que ser ecuánimes con lo que decimos y hacemos. Estoy ética y profesionalmente obligado a responder por cualquier situación relacionada directamente con mi persona y con mi trabajo.

R= Si, porque creo que en ese caso, la relación médico-familiar de paciente no fue lo suficientemente satisfactoria, al grado que condiciono que se diera este caso.

R= Si, por supuesto. Aunque a mí personalmente nunca me ha pasado, si se presentara el caso en el que la familia estuviera insatisfecha con mi actuar, por supuesto que aceptaría y promovería una mediación.

R=Si.

R=Nunca me ha sido necesario, pero si así fuera, solo asistiría cuando hubiera realmente iatrogenia (espero nunca hacerlo).

R=Si.

R=Si porque me darían la oportunidad de poder dialogar y explicar ampliamente de los motivos del conflicto y aclararle las dudas que pudiera tener el paciente y/o sus familiares y explorar las posibilidades de conciliación que se pudieran generar.

R= Si. Generalmente al momento de dar la noticia hay negación y los familiares no entienden la explicación que pudieras darles, me daría la oportunidad de poder explicar cómo realmente pasaron las cosas, los riesgos y gravedad que lo llevo a la muerte.

P-¿Conoces alguna instancia en donde se llevan a cabo mediaciones de este tipo? ¿Cuál?

R= No lo creo.

R= No.

R=Si, en Justicia Alternativa y con mediadores privados.

R=No.

R= Si. Comisión Nacional de Arbitraje Medico y Comisión Estatal de Arbitraje Medico.

R= Si, Comisión Estatal de Conciliación y Arbitraje Médico CECAMED.

R= Las comisiones de conciliación y arbitraje médico.

R= Si la comisión de arbitraje médico.

R=Si, Justicia Alternativa.

R=Si, CONAMED.

R=Si, el Centro de Justicia Alternativa.

R= Centros de justicia alternativa, comisiones de arbitraje médico.

Como podemos ver, en estas entrevistas los médicos nos han dejado ver que muchas veces no es fácil para ellos dar esas noticias de diagnósticos malos para la vida y de fallecimiento a los familiares, pero podemos ver también en esta pequeña muestra de médicos que respondieron esta entrevista que tratan de hacer su mejor esfuerzo, que la mayoría si ven el lado humano de la atención médica y sobre todo que no se pretende dañar al paciente, si no ayudar a que sane. De igual forma vemos que la mayoría si está dispuesto a acudir a la mediación.

Agradezco de corazón a todos los médicos que se tomaron el tiempo para responderme esta entrevista, ha sido muy enriquecedor y espero que sirva un poquito a las personas que no somos médicos y que lean las respuestas para acercar esa larga distancia que muchas veces se establece entre el médico y el paciente.

Convencida de que la mediación es el camino correcto para solucionar un conflicto de cualquier índole, este trabajo dedicado a la mediación entre médico y paciente o el familiar que está viviendo un duelo, pretende ser una semilla de paz y palabras que motiven a quienes quieren resolver algún conflicto a que lo hagan a través de la mediación.

Espero que estas líneas también dedicadas a los mediadores sirvan como invitación a sensibilizarnos aún más en los casos en los que nuestros mediandos están pasando por un duelo e implementar lo mejor de nuestras herramientas para poner ese granito de arena que nuestro mundo necesita para vivir en paz y mejor.

ANEXO 1.

DE LA LEY GENERAL DE SALUD TITULO OCTAVO BIS

De los Cuidados Paliativos a los Enfermos en Situación Terminal

CAPÍTULO I
Disposiciones Comunes

Artículo 166 Bis. El presente título tiene por objeto:

I.   Salvaguardar la dignidad de los enfermos en situación terminal, para garantizar una vida de calidad a través de los cuidados y atenciones médicas, necesarios para ello;

II.   Garantizar una muerte natural en condiciones dignas a los enfermos en situación terminal;

III.   Establecer y garantizar los derechos del enfermo en situación terminal en relación con su tratamiento;

IV.   Dar a conocer los límites entre el tratamiento curativo y el paliativo;

V.   Determinar los medios ordinarios y extraordinarios en los tratamientos; y

VI.   Establecer los límites entre la defensa de la vida del enfermo en situación terminal y la obstinación terapéutica.

Artículo 166 Bis 1. Para los efectos de este Título, se entenderá por:

I. Enfermedad en estado terminal. A todo padecimiento reconocido, irreversible, progresivo e incurable que se encuentra en estado avanzado y cuyo pronóstico de vida para el paciente sea menor a 6 meses;

II. Cuidados básicos. La higiene, alimentación e hidratación, y en su caso el manejo de la vía aérea permeable;

III. Cuidados Paliativos. Es el cuidado activo y total de aquéllas enfermedades que no responden a tratamiento curativo. El control del dolor, y de otros síntomas, así como la atención de aspectos psicológicos, sociales y espirituales;

IV. Enfermo en situación terminal. Es la persona que tiene una enfermedad incurable e irreversible y que tiene un pronóstico de vida inferior a seis meses;

V. Obstinación terapéutica. La adopción de medidas desproporcionadas o inútiles con el objeto de alargar la vida en situación de agonía;

VI. Medios extraordinarios. Los que constituyen una carga demasiado grave para el enfermo y cuyo perjuicio es mayor que los beneficios; en cuyo caso, se podrán valorar estos medios en comparación al tipo de terapia, el grado de dificultad y de riesgo que comporta, los gastos necesarios y las posibilidades de aplicación respecto del resultado que se puede esperar de todo ello;

VII. Medios ordinarios. Los que son útiles para conservar la vida del enfermo en situación terminal o para curarlo y que no constituyen, para él una carga grave o desproporcionada a los beneficios que se pueden obtener;

VIII. Muerte natural. El proceso de fallecimiento natural de un enfermo en situación terminal, contando con asistencia física, psicológica y en su caso, espiritual; y

IX. Tratamiento del dolor. Todas aquellas medidas proporcionadas por profesionales de la salud, orientadas a reducir los sufrimientos físico y emocional producto de una enfermedad terminal, destinadas a mejorar la calidad de vida.

Artículo 166 Bis 2. Corresponde al Sistema Nacional de Salud garantizar el pleno, libre e informado ejercicio de los derechos que señalan esta Ley y demás ordenamientos aplicables, a los enfermos en situación terminal.

CAPÍTULO II
De los Derechos de los Enfermos en Situación Terminal

Artículo 166 Bis 3. Los pacientes enfermos en situación terminal tienen los siguientes derechos:

I. Recibir atención médica integral;

II. Ingresar a las instituciones de salud cuando requiera atención médica;

III. Dejar voluntariamente la institución de salud en que esté hospitalizado, de conformidad a las disposiciones aplicables;

IV. Recibir un trato digno, respetuoso y profesional procurando preservar su calidad de vida;

V. Recibir información clara, oportuna y suficiente sobre las condiciones y efectos de su enfermedad y los tipos de tratamientos por los cuales puede optar según la enfermedad que padezca;

VI. Dar su consentimiento informado por escrito para la aplicación o no de tratamientos, medicamentos y cuidados paliativos adecuados a su enfermedad, necesidades y calidad de vida;

VII. Solicitar al médico que le administre medicamentos que mitiguen el dolor;

VIII. Renunciar, abandonar o negarse en cualquier momento a recibir o continuar el tratamiento que considere extraordinario;

IX. Optar por recibir los cuidados paliativos en un domicilio particular;

X. Designar, a algún familiar, representante legal o a una persona de su confianza, para el caso de que, con el avance de la enfermedad, esté impedido a expresar su voluntad, lo haga en su representación;

XI. A recibir los servicios espirituales, cuando lo solicite él, su familia, representante legal o persona de su confianza; y

XII. Los demás que las leyes señalen.

Artículo 166 Bis 4. Toda persona mayor de edad, en pleno uso de sus facultades mentales, puede, en cualquier momento e independientemente de su estado de salud, expresar su voluntad por escrito ante dos testigos, de recibir o no cualquier tratamiento, en caso de que llegase a padecer una enfermedad y estar en situación terminal y no le sea posible manifestar dicha voluntad. Dicho documento podrá ser revocado en cualquier momento.

Para que sea válida la disposición de voluntad referida en el párrafo anterior, deberá apegarse a lo dispuesto en la presente Ley y demás disposiciones aplicables.

Artículo 166 Bis 5. El paciente en situación terminal, mayor de edad y en pleno uso de sus facultades mentales, tiene derecho a la suspensión voluntaria del tratamiento curativo y como consecuencia al inicio de tratamiento estrictamente paliativo en la forma y términos previstos en esta Ley.

Artículo 166 Bis 6. La suspensión voluntaria del tratamiento curativo supone la cancelación de todo medicamento que busque contrarrestar la enfermedad terminal del paciente y el inicio de tratamientos enfocados de manera exclusiva a la disminución del dolor o malestar del paciente.

En este caso, el médico especialista en el padecimiento del paciente terminal interrumpe, suspende o no inicia el tratamiento, la administración de medicamentos, el uso de instrumentos o cualquier procedimiento que contribuya a la prolongación de la vida del paciente en situación terminal dejando que su padecimiento evolucione naturalmente.

Artículo 166 Bis 7. El paciente en situación terminal que esté recibiendo los cuidados paliativos, podrá solicitar recibir nuevamente el tratamiento curativo, ratificando su decisión por escrito ante el personal médico correspondiente.

Artículo 166 Bis 8. Si el enfermo en situación terminal es menor de edad, o se encuentra incapacitado para expresar su voluntad, las decisiones derivadas de los derechos señalados en este título, serán asumidos por los padres o el tutor y a falta de estos por su representante legal, persona de su confianza mayor de edad o juez de conformidad con las disposiciones aplicables.

Artículo 166 Bis 9. Los cuidados paliativos se proporcionarán desde el momento en que se diagnostica el estado terminal de la enfermedad, por el médico especialista.

Artículo 166 Bis 10. Los familiares del enfermo en situación terminal tienen la obligación de respetar la decisión que de manera voluntaria tome el enfermo en los términos de este título.

Artículo 166 Bis 11. En casos de urgencia médica, y que exista incapacidad del enfermo en situación terminal para expresar su consentimiento, y en ausencia de familiares, representante legal, tutor o persona de confianza, la decisión de aplicar un procedimiento médico quirúrgico o tratamiento necesario, será tomada por el médico especialista y/o por el Comité de Bioética de la institución.

Artículo 166 Bis 12. Todos los documentos a que se refiere este título se regirán de acuerdo a lo que se establezca en el reglamento y demás disposiciones aplicables.

BIBLIOGRAFÍA.

ALES, Sioli Javier y MATA, Juan Diego. La magia de la Mediación. Editorial Aconcagua.

BARBOSA Ochoa, Emma Alicia. Las cosas nuestras de cada día II.

BUSH, Robert A. Baruch y FOLGER, Joseph P. La promesa de Mediación. Editorial Granica.

DIEZ, Francisco y TAPIA, Gachi. Herramientas para trabajar en mediación. Paidós Mediación 9.

FIERRO FERRÁEZ, Ana Elena. Manejo de Conflictos y mediación. CIDE. Editorial Oxford.

FRANKL, Víktor. El hombre en busca de Sentido. Editorial Herder.

GOTTHEIL, Julio y SCHIFFRIN, Adriana. Mediación: una transformación en la cultura. Paidós Mediación 3.

KÜBLER- ROSS, Elisabeth. La Rueda de la Vida. Editorial Vergara.

KÜBLER- ROSS, Elisabeth. Sobre la muerte y los moribundos. Penguin Random House Grupo Editorial S.A. de C.V. 2013.

Ley de Justicia Alternativa del Estado de Guanajuato.

MARTIN Descalzo, José Luis. Razones para la alegría. Sociedad de Educación Atenas.

Mc. MANUS, Rosa. ¿Cómo aceptar la muerte? Cuando alguien querido se va.... Editorial Delfin.

PONCE, Carrión Juan Antonio. Apuntes del Diplomado en Tanatología. Humanae S.C.

PICKER, Bennet G. Guía práctica para la mediación. Manual para la resolución de conflictos comerciales. Paidós Mediación 10.

REDORTA, Josep. Como analizar los conflictos. Paidós Mediación 12.

SIX, Jean-Francois. Dinámica de la Mediación. Paidós Mediación 5.

SUARES, Marines. Mediando en sistemas familiares. Paidós Mediación 11.

SUARES, Marines. Mediación. Conducción de disputas, comunicación y técnicas. Paidós Mediación 4.

VARAS, Doval Esther. Sobrevive al duelo. Editorial Vergara.

www.espaciodemediacion.com

Talleres y conferencias de Mediación en Duelo, Mediación Médica y Sanitaria.
Contacto con la autora:
www.espaciodemediacion.com
Twitter: @ingridmediadora
Facebook: @espaciodemediacion
Correo electrónico: imicheln@gmail.com